Unterwegs zum Licht

Weihnachtliche Worte und Weisen

Unterwegs zum Licht

Weihnachtliche Worte und Weisen

HERDER

FREIBURG · BASEL · WIEN

Weihnachtssonderband 2010

Herausgegeben von Ulrich Sander

Mit Beiträgen unter anderem von:

Angelus Silesius
Rose Ausländer
Benedikt XVI.
Max Bolliger
Dietrich Bonhoeffer
Phil Bosmans
Peter Dyckhoff
Ylva Eggehorn
Anselm Grün
Peter Henisch
Schwester Gisela Ibele
Franz Kamphaus
Margot Käßmann
Jochen Klepper
Marcus C. Leitschuh
Martin Luther
Corinna Mühlstedt
Antje Sabine Naegeli
Henri Nouwen
Huub Oosterhuis
Carolin Reiber
Richard Rohr
Andrea Schwarz
Christa Spilling-Nöker
Pierre Stutz
Bruder Paulus Terwitte
Felix Timmermans
Weifan Wang
Notker Wolf
Jörg Zink

Vorwort

In einem Hotel, in dem ich einige Zeit geschäftlich zu verbringen hatte, war die große Eingangshalle abgedunkelt und mit besonderen Leuchtkörpern versehen, die den Raum indirekt mit einem warmen Licht versorgten. Es handelte sich um das Werk eines Licht-Künstlers mit dem Titel „Dämmerung". Bei der ersten Begegnung beeindruckend, ließ der Reiz schon in den nächsten Tagen nach und wandelte sich bei mir eher in ein gewisses Unwohlsein über das andauernde „Halbdunkel" des Raums.

Es gab keinen Wechsel mehr zwischen Hell und Dunkel – aber wir Menschen brauchen die Nacht und den Tag und den Wechsel dazwischen. Beides hat seine Zeit. Ebenso ist es mit Advent und Weihnachten. Wir können nicht das ganze Jahr Weihnachten feiern, und wer sich bereits im Spätsommer mit Christstollen und Weihnachtsdekoration versorgt, wird sich bis Weihnachten daran wahrscheinlich Lust und Laune verdorben haben. Weihnachten hat, wie alle wirklich wichtigen Dinge im Leben, seine besondere Zeit.

„Unterwegs zum Licht" sind die Beiträge dieses Bandes überschrieben. Die Geschichten und Betrachtungen, Lieder und Gedichte der bekannten Autorinnen und Autoren bezeugen alle auf ihre Weise, dass Weihnachten nicht ein jederzeit abrufbares Gefühl darstellt, sondern eine ganz besondere, eine kostbare Zeit. Eine Zeit, die mit Vorfreude und Vorbereitung, mit Aufbruch und einem Weg zu tun hat, an dessen Ende ein Versprechen steht, das das neue Jahr und unser Leben begleitet.

Die Lichter, die wir im Advent entzünden, bis hin zum Lichterbaum an Weihnachten wollen unser Herz und unsere Sinne öffnen und bereit machen für das Licht, das in der Heiligen Nacht für alle Menschen in die Welt gekommen ist. „Sternstunden hinterlassen Spuren. Was dich heute in der Tiefe berührt, strahlt weit über den Augenblick hinaus" (Christa Spilling-Nöker).

Die Beiträge dieses Bandes sind eine Einladung, sich innerlich in diese Bewegung mitnehmen zu lassen und der Leuchtspur zu folgen, die der Stern von Betlehem an den Himmel geschrieben hat: „Noch manche Nacht wird fallen auf Menschenleid und -schuld. Doch wandert nun mit allen der Stern der Gotteshuld" (Jochen Klepper).

Weil Gott uns im Kind in der Krippe dieses Geschenk seiner „Huld", seiner Nähe und Wegbegleitung, gemacht hat, ist Weihnachten eine Zeit des Schenkens und der Geschenke. Ich selbst liebe es, beschenkt zu werden und zu schenken – dabei zählt nicht der Geldwert des Geschenks, sondern die Freude, die man selbst erfährt und anderen weitergibt. Und das größte Geschenk, das wir einander an Weihnachten machen können, liegt vielleicht darin, dass wir selbst Weihnachten als besondere Zeit erfahren und gestalten. Dass wir selbst innehalten und aufbrechen, eintauchen in das Dunkel der Heiligen Nacht und verzaubert werden von ihrem Licht.

Dazu wollen die Beiträge dieses Bandes Ihnen helfen: dass die Weihnachtsfreude aus Ihren eigenen Augen leuchtet und Sie das Weihnachtslicht spiegeln für die Menschen, die Sie lieben, und vielleicht für den ein oder anderen, dem Sie begegnen und davon abgeben, ohne dass Sie selbst es bemerken …

Ulrich Sander

Inhalt

3 Im Licht der heiligen Nacht

4 Geschichten im Kerzenlicht

5 Der Weihnachtsstern

6 Licht für die kommende Zeit

Unterwegs zum Licht

Sternstunden hinterlassen Spuren.
Was dich heute
in der Tiefe berührt,
strahlt weit
über den Augenblick hinaus.

Christa Spilling-Nöker

1

Ein Licht entzünden

Wir sagen euch an den lieben Advent

Wir sagen euch an den lieben Advent.
Sehet, die erste Kerze brennt.
Wir sagen euch an eine heilige Zeit.
Machet dem Herrn die Wege bereit.
Freut euch, ihr Christen, freuet euch sehr!
Schon ist nahe der Herr.

Wir sagen euch an den lieben Advent.
Sehet, die zweite Kerze brennt.
So nehmet euch eins um das andere an,
wie auch der Herr an uns getan.

Wir sagen euch an den lieben Advent.
Sehet, die dritte Kerze brennt.
Nun tragt eurer Güte hellen Schein
weit in die dunkle Welt hinein.

Wir sagen euch an den lieben Advent.
Sehet, die vierte Kerze brennt.
Gott selber wird kommen, er zögert nicht.
Auf, auf, ihr Herzen, und werdet licht.
Freut euch, ihr Christen, freuet euch sehr!
Schon ist nahe der Herr.

Worte von Maria Ferschl
Melodie von Heinrich Rohr

Ein Licht entzünden

Wir zünden die Kerzen des Advent an.
Alles um uns herum erscheint
– schemenhaft noch –
in neuem Licht.
Der erste Glanz weihnachtlicher Fülle
lässt uns heute schon
leise erahnen,
dass in unserer Mitte
überraschend Neues
Gestalt gewinnt.

Wir haben vom Leben
noch etwas zu erwarten.

Christa Spilling-Nöker

Licht scheint in der Finsternis

Margot Käßmann

Weihnachten ist ein besonderes Fest. In den Bräuchen und Texten, den Gottesdiensten und Ritualen im Advent und in den Weihnachtstagen wird wie zu keiner anderen Zeit im Jahr deutlich, was das Johannesevangelium sagt: „Das Licht scheint in der Finsternis und die Finsternis hat's nicht ergriffen" (Johannes 1,5).

Das ist der wahre Kern von Advent und Weihnachten: die Dunkelheit wahrnehmen, im persönlichen Leben, im Umfeld, in der Stadt, in dieser Welt. Und die Sehnsucht wach halten, dass es anders sein könnte, heller, kreativer, lebensfroh, ja lebenssatt. Im Advent buchstabieren wir diese Sehnsucht als Warten. An Weihnachten zünden wir Lichter an, damit die Hoffnung in der Dunkelheit spürbar, erfahrbar wird: Licht scheint in der Finsternis.

Aber oft wird das Licht in der Tat nicht wahrgenommen. Da streiten Familien. Da verzweifeln einsame Menschen. Da nimmt der Krieg kein Ende. Die Zerstörung ist greifbar. Keine Engel mit süßlichem Gesang, kein holder Knabe in lockigem Haar, sondern Brutalität, Entsetzen, Trauer und Resignation.

Mir liegt daran, Advent und Weihnachten zu befreien aus all dem Kitsch und Glamour. Die biblische Geschichte ist ja gar keine kitschige Hollywood-Romanze nach dem Motto: alles wunderbar weihnachtlich. Nein, da sind zwei, die kämpfen um ihr Glück und um ihr Kind in äußerst widrigen Umständen. Es begegnen ihnen andere, die nicht gerade zur Elite der Zeit gehören. Und sie erleben Wundersames. Ihr Leben wird verwandelt …

Auch wenn dein Leben nicht gelingt, bist du doch wie Josef und Maria. Gesegnet. Auch wenn nicht alles heil ist, bist du doch bei den Hirten. Das Licht gilt dir in der Dunkelheit. Auch wenn du den Weg nicht genau weißt, sind die drei Weisen durchaus ein Vorbild. Du kannst dem Stern trauen.

Die Geburt des Gotteskindes kann nur von Ostern her beleuchtet werden. Der Tod ist überwunden. Alle Tränen werden abgewischt und Leid, Not und Geschrei werden ein Ende haben. Weil Jesus von Nazareth aus dieser Hoffnung heraus zum Christus wurde, haben wir als Christinnen und Christen Hoffnung. Auf eine Zeit nach dieser Zeit und Welt. Aber eben auch mitten in dieser Zeit und Welt. Mitten in der Dunkelheit leuchtet radikal die Hoffnung, dass alles ganz anders werden kann. In Gottes Zukunft ganz gewiss. Aber auch schon jetzt und hier kann das Licht erfahrbar werden mitten in den dunklen Erfahrungen, die wir immer wieder machen: als Einzelne, als Gesellschaft, als Welt.

Ja, ich bin eine Weihnachtschristin. Aber das heißt eben nicht, das Elend, das Leid, die Trauer und die Tränen auszublenden. Sie gehören mitten hinein in die Weihnachtsgeschichte. Wenn wir das begreifen, dann leuchtet der Stern von Bethlehem umso heller mitten in die Dunkelheit unserer Welt.

Sehnsucht nach Licht

Schwester Gisela Ibele

Es ist schwer, einen lichtlosen Raum zu erleben. In der Dunkelheit geht uns viel durch Kopf und Bauch: Dunkelheit löst Enge, Angst, Beklemmung und Unsicherheit aus. Wenn man aber den Mut aufbringt, die Dunkelheit mal auf sich wirken zu lassen, kann man ihre guten Seiten entdecken. Ich spüre, dass sich in ihr Wärme ausbreitet, dass ich still werde, ganz bei mir bin. Die Dunkelheit macht das Leben auch spannend. In ihr rücken die Menschen enger zusammen – Gemeinschaft entsteht. Ein einziges Streichholz oder eine kleine Kerze vertreibt auf einmal alles Dunkel. Letztlich sehnen wir uns alle nach Licht; auf die Dauer wäre die Dunkelheit tödlich. Wir Menschen sind für das Licht geschaffen. Wir brauchen es nicht nur für unsere Augen, sondern auch für unsere Seele. Ich wünsche Ihnen für die Adventszeit das innere Licht des Friedens, der Wärme und der Stille.

Lichter setzen

Notker Wolf

Am Stadtrand der brasilianischen Metropole Salvador haben in den 1970er Jahren fünf Benediktinerinnen ein kontemplatives Kloster gegründet, in dem das Gebet und die Meditation im Mittelpunkt stehen. Das Unternehmen war äußerst gewagt. Denn der Baugrund lag am Rande eines Slums, die Gegend war nicht nur arm, sondern auch voller Kriminalität und Gewalt. Viele haben die Schwestern gewarnt, nicht dorthin zu gehen. Aber sie verfolgten ihren Weg beharrlich. Sie wollten unter den Armen sein.

Heute zählt das Monasteiro do Salvador mehr als 20 überwiegend junge Benediktinerinnen. Die meisten kommen aus der unmittelbaren Umgebung. Außerdem sind dank engagierter Laien rund um das Kloster zahllose Sozialprojekte entstanden: Es gibt einen Kindergarten, Computerworkshops und sogar eine Ballettschule, in der mittellose Jugendliche eine für sie sonst unbezahlbare Ausbildung erhalten. Gleichzeitig ist die Kriminalität im ganzen Viertel entschieden gesunken.

Die Schwestern tun nichts Gewaltiges. Sie leben ihren benediktinischen Tagesrhythmus mit regelmäßigen Gebetszeiten. Sie sind offen für Fragen und Gespräche, und sie versuchen nicht mehr und nicht weniger, als Zeichen der Gegenwart Gottes zu setzen. Und ganz offenbar ist das genug, um Menschen seine Liebe spüren zu lassen, um sie zu motivieren und ihnen Würde zurückzugeben.

Mir imponieren diese Schwestern, die in aller Bescheidenheit ihren Weg gehen. Zwischen Ohnmacht und Verzweiflung, Wut und Resignation, Bangen und Hoffen kämpfen sie nicht mit eisernen Waffen, die das Vermögen ganzer Völker verschlingen, sondern mit den Waffen des

Glaubens. Und der besagt, dass Gott Herr der Geschichte bleibt, dass er uns Menschen in unserem Bemühen um Frieden unterstützt und sich dabei eins weiß mit den Armen und Rechtlosen.

Das Reich Gottes wird nicht evolutionär noch revolutionär verwirklicht, sondern es wird uns zu einem unbekannten Zeitpunkt geschenkt werden. Aber wenn wir den Worten Jesu folgen, können wir dieses Reich jetzt schon erfahren, indem wir Lichter setzen, Zeichen der Güte, die Gottes Menschenfreundlichkeit zum Durchbruch verhelfen.

Mensch werden

Mensch werden:
das Herz öffnen
und die Hände,
empfangen
und geben.

Lichter setzen
im Dunkel.

Selbst zum
Licht werden.

Eins werden
mit dem Licht.

Corinna Mühlstedt

Die Zukunft wird ein großes Licht bringen

Jörg Zink

Advent heißt: Es kommt uns der entgegen, der uns gezeigt hat, Gott sei nicht in irgendeiner Ferne, sondern nah bei uns wie ein Mensch, der uns besucht, so nah wie ein Bruder, der mit uns lebt und leidet, so nah wie ein Mensch, der uns liebt. Der, der kommt, geht unseren Weg mit uns, und sei der Weg noch so schwierig, und sei es über diesem Weg noch so dunkel, und sei er noch so weiß. Er zeigt uns ein Ziel, ein großes Ziel und ein schönes, bis zu dem Punkt, an dem uns aufgeht: Nun ist alles gut. Es hat alles seinen Sinn gehabt.

Und wenn um uns her alles beweist: Es wird nur schlimmer, die Katastrophen, die auf uns zukommen, sind unausweichlich, dann sagen wir: Nein, die Katastrophen sind nicht das Letzte. Wir haben eine Zukunft vor uns, und die hängt zum Glück nicht von der Macherei der Menschen und ihren Torheiten ab. Die Zukunft wird ein großes Licht bringen und unser Weg im Licht enden. Die Zukunft ist eine Tür.

Das Licht des Advents

Christa Spilling-Nöker

In der Adventszeit zünden wir die ersten Kerzen an. Aber anstatt im Lichtschein zur Ruhe und zu innerem Frieden zu gelangen, setzen wir uns unter neuen Leistungsdruck. Was müssen wir bis zum Fest noch alles erledigen, wie viele Plätzchen wollen noch gebacken, wie viele Geschenke noch besorgt werden? Wir hetzen umher und fragen uns, wie wir alle vor uns liegenden Aufgaben noch bewältigen und uns zugleich auf Weihnachten von innen her einstimmen können.

Vielleicht, indem wir uns auf den Engel des Lichts einlassen. Er will uns die Augen dafür öffnen, dass wir uns mehr mit unseren Herzen als mit unserem Geldbeutel auf die Menschen besinnen, die uns nahe stehen. Vielleicht ist ein lieber Brief, für den wir uns Zeit nehmen, mehr wert als ein teures Geschenk, vielleicht ist die Zeit für ein Gespräch notwendiger als ein gründlicher Hausputz.

Die Kerzen im Advent laden uns ein, dass wir in aller Stille unser Leben bedenken: Welche Fehler haben wir gemacht, was aber ist uns zugleich geglückt und gelungen? Wen haben wir gekränkt und verletzt, mit welchen Menschen haben wir uns hingegen offen aussprechen können? Was soll bleiben wie es ist, welche Dinge möchten wir ändern?

Möge das Licht des Advents
unsere Herzen erhellen,
damit wir unserem Leben
eine segensreiche Richtung geben
und die Zukunft uns
mit heilvollen Schritten
entgegeneilt.

Wo bleibst du?

Wo bleibst du Trost der ganzen Welt?
Herberg' ist dir schon längst bestellt.
Verlangend sieht ein jedes dich
und öffnet deinem Segen sich.

Treib Vater ihn in unsern Arm,
dass er von deinem Hauch noch warm,
in schweren Wolken sammle ihn
und lass ihn so hernieder ziehn.

In kühlen Strömen send ihn her,
in Feuerflammen lodre er,
in Luft und Öl, in Klang und Tau
durchdring er unsrer Erde Bau.

Er ist der Stern, er ist die Sonn',
er ist des ewgen Lebens Bronn,
aus Kraut und Stein und Meer und Licht
schimmert sein kindlich Angesicht.

Novalis

Heraustreten aus der Nacht

Benedikt XVI.

Was ist das eigentlich – Advent? Darauf lassen sich viele Antworten geben. Man kann grollend sagen, eigentlich sei er nur ein Vorwand für Hektik und Geschäft, garniert mit sentimentalen Schablonen, die längst nicht mehr geglaubt werden. Das mag in vielen Fällen zutreffen, aber das Ganze ist es doch nicht.

Man kann auch umgekehrt sagen, Advent sei eine Zeit, in der mitten in einer ungläubigen Welt noch etwas von dem Glanz des verlorenen Glaubens sichtbar wird und nachleuchtet. So wie Sterne noch lange nach ihrem Erlöschen zu sehen sind, weil ihr Licht von damals noch immer auf dem Weg ist zu uns, so hat das Geheimnis etwas von Wärme und Hoffnung oft auch noch für diejenigen übrig, die es nicht mehr zu glauben vermögen.

So kann man auch sagen, Advent sei eine Zeit, in der eine sonst fast vergessene Güte mobilisiert wird; die Bereitschaft, an den anderen zu denken und ihm ein Zeichen der Güte zu geben. Schließlich kann man sagen, Advent sei eine Zeit, in der das alte Brauchtum lebendig wird, etwa in den vielen Adventssingen, die landauf, landab gehalten werden. In den Melodien und Texten, die wir da hören, ragt etwas von der Einfachheit, von der Phantasie und der fröhlichen Glaubensstärke unserer Vorfahren in unsere Zeit herein, tröstet und ermutigt uns, es vielleicht doch wieder mit dem Glauben zu wagen, der die Menschen inmitten sehr schwerer Zeiten so froh machen konnte.

Die Nacht ist vorgedrungen

Die Nacht ist vorgedrungen,
der Tag ist nicht mehr fern.
So sei nun Lob gesungen
dem hellen Morgenstern!
Auch wer zur Nacht geweinet,
der stimme froh mit ein.
Der Morgenstern bescheinet
auch deine Angst und Pein.

Dem alle Engel dienen,
wird nun ein Kind und Knecht.
Gott selber ist erschienen
zur Sühne für sein Recht.
Wer schuldig ist auf Erden,
verhüll nicht mehr sein Haupt.
Er soll errettet werden,
wenn er dem Kinde glaubt.

Die Nacht ist schon im Schwinden,
macht euch zum Stalle auf!
Ihr sollt das Heil dort finden,
das aller Zeiten Lauf
von Anfang an verkündet,
seit eure Schuld geschah.
Nun hat sich euch verbündet,
den Gott selbst ausersah.

Noch manche Nacht wird fallen
auf Menschenleid und -schuld.
Doch wandert nun mit allen
der Stern der Gotteshuld.

Beglänzt von seinem Lichte,
hält euch kein Dunkel mehr,
von Gottes Angesichte
kam euch die Rettung her.

Gott will im Dunkel wohnen
und hat es doch erhellt.
Als wollte er belohnen,
so richtet er die Welt.
Der sich den Erdkreis baute,
der lässt den Sünder nicht.
Wer hier dem Sohn vertraute,
kommt dort aus dem Gericht.

Jochen Klepper

Das andere Licht

Andrea Schwarz

Es war an einem Adventswochenende: In einem Besinnungshaus leitete ich ein Besinnungswochenende für Theologiestudenten und -studentinnen. Während einer Kleingruppenarbeit schlenderte ich ein wenig durch das Tagungshaus. Aus einem Saal erklang plötzlich das Lied: „Ein Licht leuchtet auf in der Dunkelheit."

Ich wusste, dass außer unserem Besinnungswochenende an diesem Tag eine Adventsfeier für blinde Menschen stattfand. Neugierig blieb ich stehen – ob es die Blinden waren, die dieses Lied sangen?

Nach der ersten Strophe wurde es ruhig, dann sprach eine Frau laut den Text der zweiten Strophe vor – und wieder setzte der Gesang ein: „Ein Licht leuchtet auf in der Dunkelheit." Jemand öffnete die Tür und verließ den Raum, in dem die Blinden feierten, und ich sah brennende Kerzen auf den Tischen stehen.

Ich wurde plötzlich nachdenklich. Da waren Menschen, die wortwörtlich in der Dunkelheit sind, ohne Hoffnung, jemals wieder das Licht zu sehen. Und da sangen sie ein Lied von dem Licht, das in die Dunkelheit kommt.

Was mochte ein solcher Text, dieses Lied für diese Menschen bedeuten? Welches Licht ist gemeint? Wie sieht das Licht für einen Menschen aus, der nicht sehen kann? Vielleicht ist es mit diesem Licht so wie mit den brennenden Kerzen, die vor den Blinden standen: Auch deren Licht konnten sie nicht sehen, aber sie wissen, dass es brennt – und wenn sie sich behutsam diesem Licht nähern, dann spüren sie seine Wärme, hören vielleicht ein leises Knistern, wenn die Flamme im Wind flackert. Ich muss das Licht nicht sehen können – aber ich muss das Vertrauen haben, dass es dieses Licht gibt.

Von diesen Menschen habe ich eine neue Art des Vertrauens gelernt. Ein Licht leuchtet auf in der Dunkelheit – das Licht leuchtet auf, auch wenn ich es vielleicht nicht sehen kann, noch nicht sehen kann.

Kleines Licht ganz groß

Bruder Paulus Terwitte / Markus C. Leitschuh

In nordischen und germanischen Kulturen sollte das Anzünden der Julkerze einige Tage vor der Wintersonnenwende die Sonne ermutigen, die Dunkelheit zu besiegen und zurückzukehren. Aus solchen Traditionen entwickelten sich auch die christlichen Advents- und Weihnachtskerzen. Nach der längsten Nacht des Jahres kommt mit Jesu Geburt das Licht in die Welt. Uns soll ein natürliches Licht von Gott aufgehen, ein Licht, das heller leuchtet als alle Neonröhren und elektrische Weihnachtsbeleuchtung es vermögen.

2

Unterm Lichterbaum

Fröhliche Weihnacht überall

„Fröhliche Weihnacht überall“,
tönet durch die Lüfte froher Schall.
Weihnachtston, Weihnachtsbaum,
Weihnachtsduft in jedem Raum!
„Fröhliche Weihnacht überall“,
tönet durch die Lüfte froher Schall.
Darum alle stimmet ein
in den Jubelton;
denn es kommt das Heil der Welt
von des Vaters Thron.

„Fröhliche Weihnacht überall“,
tönet durch die Lüfte froher Schall.
Weihnachtston, Weihnachtsbaum,
Weihnachtsduft in jedem Raum!
„Fröhliche Weihnacht überall“,
tönet durch die Lüfte froher Schall.
Licht auf dunklem Wege, unser Licht bist du;
denn du führst, die dir vertraun,
ein zu sel’ger Ruh.

„Fröhliche Weihnacht überall“,
tönet durch die Lüfte froher Schall.
Weihnachtston, Weihnachtsbaum,
Weihnachtsduft in jedem Raum!
„Fröhliche Weihnacht überall“,
tönet durch die Lüfte froher Schall.
Was wir andern taten,
sei getan für dich,
dass bekennen jeder muss,
Christkind kam für mich.

Worte von August Heinrich Hoffmann von Fallersleben
Melodie aus England (19. Jahrhundert)

Weihnachtslicht

Mit dem Entzünden der Kerzen
am Weihnachtsbaum
leuchtet die Freude am Christfest
in uns hinein.
Möge uns das Herz aufgehen
in der Erwartung,
dass das Geschenk der Liebe
sich in uns entfalten
und unsere Seele mit tiefem Glück
durchdringen will.
Wir dürfen darauf vertrauen,
dass wir von Tag zu Tag,
von Nacht zu Nacht,
von einem lichten Stern
begleitet werden.

Christa Spilling-Nöker

Im Licht der Kerzen

Anselm Grün

Seit je haben Kerzen eine besondere Anziehungskraft auf Menschen ausgeübt. Das Kerzenlicht ist ein mildes Licht. Gegenüber der grellen Neonbeleuchtung erhellt die Kerze unsern Raum nur teilweise. Sie lässt manches im Dunkel. Und das Licht ist warm und angenehm. Die Kerze ist keine funktionelle Lichtquelle, die alles gleichmäßig ausleuchten muss. Vielmehr spendet sie ein Licht, das von vornherein die Qualität des Geheimnisvollen, des Warmen, des Liebevollen in sich birgt. Im Kerzenlicht kann man sich selbst anschauen. Da sehe ich mit meinem milden Auge auf meine oft so harte Realität. In diesem zarten Licht wage ich es, mich wahrzunehmen und mich Gott hinzuhalten. Da kann ich mich selbst annehmen.

Das Licht der Kerze erhellt nicht nur, es wärmt auch. Es bringt mit der Wärme Liebe in dein Zimmer. Es erfüllt dein Herz mit einer Liebe, die tiefer und geheimnisvoller ist als die Liebe der Menschen, mit denen du dich verbunden weißt. Es ist eine Liebe, die aus einer göttlichen Quelle strömt, eine Liebe, die nie versiegt, die nicht so brüchig ist wie die Liebe zwischen Menschen. Wenn du dieses Licht in dein Herz dringen lässt, dann kannst du dir vorstellen, dass du ganz und gar geliebt bist, dass die Liebe alles in dir liebenswert macht. Es ist letztlich Gottes Liebe, die dir da entgegenleuchtet.

Seit dem 16. Jahrhundert ist es in Deutschland üblich, an Weihnachten geschmückte Tannenbäume aufzustellen. Die Tanne, die auch im Winter ihr grünes Kleid behält, ist ein altes Symbol für die göttliche Kraft des Lebens, das sich auch durch die Kälte des Winters nicht besiegen lässt. Der Christbaum geht auf den alten germanischen Brauch zurück, in den Raunächten grüne Zweige in den Häusern aufzuhängen, um die bösen Geister abzuwehren. Dabei wurden die Dämonen in doppelter Weise abgewehrt: Die immergrüne Pflanze soll ihre Lebenskraft auf Mensch und Tier übertragen. Und das Licht der aufgesteckten Kerzen soll die dunkle Winternacht erhellen und durch seinen Schein die Geister vertreiben.

In der christlichen Tradition soll der immergrüne Lichterbaum Christus in die Häuser bringen und alle Dämonen der Angst, der Feindschaft und der Eifersucht aus ihnen verbannen. Mitten im kalten und dunklen Winter will er Wärme und Licht in unsere Welt bringen.

Das Licht der Kerze entsteht, indem das Wachs verbrennt. Das ist ein Bild für eine Liebe, die sich verzehrt. Sie kann das tun, weil genügend Wachs vorhanden ist. Sie braucht nicht zu sparen. Aber manchmal muss man den Docht zurechtschneiden, sonst wird die Flamme zu hoch und rußt das Zimmer ein. So gibt es auch eine Liebe, die zu laut ist, in der du dich verausgabst. Sie tut dann nicht nur dir, sondern auch dem anderen nicht gut. Er spürt den Ruß in der Liebe, die Nebenabsichten, das zu sehr Gewollte und Gemachte, das den anderen nicht erhellt, sondern eher verdunkelt.

Die Kerze besteht aus zwei Elementen: aus der Flamme, die das Geistige symbolisiert, da sie zum Himmel emporsteigt. Das zweite Element der Kerze ist das Wachs, das verzehrt wird. Für die Frühe Kirche war daher die Kerze ein Symbol für Christus, der zugleich Gott und Mensch ist. Das Wachs ist das Bild für seine menschliche Natur, die er aus Liebe für uns hingab; und die Flamme steht für seine Göttlichkeit. So erinnern uns die Kerzen, die wir an Weihnachten anzünden, an das Geheimnis der Menschwerdung Gottes in Jesus Christus. In der Kerze ist Christus selbst mitten unter uns.

Und es ist Christus, der mit seinem Licht unser Haus und unser Herz erhellt und es mit seiner Liebe erwärmt. So ist die Kerze auch ein Geheimnis unserer eigenen Menschwerdung. In unserem Leib möchte Gottes Licht in dieser Welt aufstrahlen. Seit der Geburt Jesu in der Nacht unserer Welt leuchtet Gottes Licht in jedem menschlichen Antlitz auf.

Die Christen haben den Lichterbaum von Weihnachten als Paradiesesbaum verstanden, von dem die „Früchte des Lebens" gepflückt werden. Die Früchte des Lebens werden in Äpfeln und Nüssen dargestellt, die seit alters her an den Baum gehängt werden, oder auch durch Christbaumkugeln, die ein Bild für das Ganze und Heile des Paradieses sind. Nach einer alten Legende sandte der todkranke Adam seinen Sohn Set in das Paradies, um ihm Öl vom Baum des Lebens zur Linderung seiner Schmerzen zu holen. Doch der Erzengel Michael gab Adam den Bescheid, erst in 5500 Jahren werde der Sohn Gottes auf die Erde kommen, um ihn selbst zum Lebensbaum, zum Baum der Barmherzigkeit und Gnade zu führen. Doch Michael gab zugleich mit dieser Verheißung dem Set ein Reis vom Lebensbaum mit, er solle es in die Erde pflanzen. Der Christbaum ist so ein Reis vom Baum der Gnade, zu dem uns Gott in der Geburt seines Sohnes führt, damit sein Öl unsere Schmerzen lindere.

Im Christbaum stellen wir die Wirklichkeit des Waldes, ja der Natur und der ganzen Schöpfung in unser Haus. Da wird der Zwiespalt von Natur und Zivilisation aufgehoben, da ahnen wir, dass wir auch in unseren Häusern teilhaben an der Kraft, die aus der Mutter Erde strömt. Durch die Menschwerdung Gottes wurde die ganze Schöpfung geheiligt. Und wir Menschen haben teil an dieser vergöttlichten Schöpfung.

Die Bäume leuchten

Schwester Gisela Ibele

Weihnachten ist ein tolles Fest. Da gibt es für den Geruchs- und Geschmackssinn viel Verführerisches: Zimt- und Bienenwachsduft strömen durch Wohnungen. Lichterketten und bunte Kugeln zaubern Märchenstimmung. Der Höhepunkt ist wohl das Aufstellen und Schmücken des Weihnachtsbaumes.

Früher taten das – in geheimer Aktion – Vater und Mutter in der „Christkindlstube". Mit leuchtenden Augen bewunderten die Kinder am Morgen das prachtvolle Gewächs. Ich finde es schön, dass es diese Rituale noch gibt. Es sind Gesten, die unsere Herzen berühren.

Rainer Maria Rilke schrieb: „Die Bäume leuchten. Sie spiegeln die Sternfeuer des Himmels, als kämen die Gestirne auf die Erde herab. Und wir wissen: So können wir stehen. Aufrecht, voll Licht und beständiger Kraft." Wir Menschen haben die Sehnsucht, immer wieder an Urerfahrungen anzuknüpfen. Weihnachten ist für mich das Fest dieser Urerfahrung. Dazu zählt die Geborgenheit im Mutterschoß. Das Getragensein und Gehaltensein von den Kräften der Liebe und des Vertrauens.

Gott hat mit meinem Leben einen Anfang gemacht. Er hat mit der Erde einen Anfang gemacht. Diesen Anfang immer wieder neu zu erleben und damit dem Leben wieder eine neue Chance zu geben – das ist Weihnachten.

Kerzen-Rituale

Margot Käßmann

„Ich bin das Licht der Welt“, hat Jesus einmal gesagt (Johannes 8,12). Damit meinte er, dass er in dem Dunkel, das die Welt ja kennt, bei uns sein will, wenn Menschen Angst haben, traurig sind, leiden müssen, oder wenn Krieg herrscht. Hast du das schon einmal erlebt: Wenn du Angst hast und jemand hilft dir, das ist, als ob es plötzlich hell wird und warm. Vielleicht können wir so sagen: Jesus will es hell machen in der Welt, wo es dunkel ist. Dafür stehen die Kerzen.

Am schönsten ist das am Jahresende, finde ich. Erst kommt der November, es ist dunkel, wir denken an die Toten in den Kriegen der Welt und an Menschen, die im vergangenen Jahr gestorben sind. Danach beginnt die Adventszeit, und wir zünden jede Woche eine weitere Kerze am Kranz an. Und wenn das Jahr am dunkelsten ist, ist schließlich der helle Weihnachtsbaum da mit den vielen Lichtern. Dann feiern wir, dass Jesus geboren ist.

Das Johannesevangelium beschreibt das so: Das Licht scheint in der Finsternis. Durch Jesus bleibt die Welt nicht im Dunkel. In den Kirchen zünden wir die Kerzen am Altar an, wenn wir Gottesdienst halten. Das soll ein Zeichen dafür sein, dass Jesus bei uns ist, mitten unter uns. In vielen Kirchen gibt es auch kleine Gebetsbereiche, in denen du eine Kerze anzünden kannst. Dazu kannst du dann ein Gebet sprechen. Für jemanden, den du lieb hast. Oder du vertraust Gott mit dem Anzünden der Kerze etwas Besonderes an.

Für Kinder haben Rituale eine große Bedeutung, ja sie lieben Rituale, und Rituale prägen sie und ihre Erinnerung an die Kindheit. Da können Eltern sehr viel gestalten … Kerzen geben Ritualen eine besondere Würde.

Kerzenlicht erhellt den Tag

Pierre Stutz

Frühmorgens
in der Dunkelheit
eine Kerze entzünden
die hineinleuchten wird
in diesen Tag
in meine Arbeit
in meine Beziehungen
in meine ungelösten Fragen
in meine Freizeit

Frühmorgens
mit andern die Kraft des Lichts feiern
da sein dürfen vor allem Tun
Sammlung erfahren
damit das göttliche Licht
auch diesen Tag durch mich scheint

Frühmorgens
im Kerzenlicht schweigen
meinen Tag auf das Wesentliche ausrichten
sein dürfen
Grund unter den Füßen spüren
ein- und ausatmend
dich als Seinsgrund erfahren

* * *

Am Ende des Tages
im Kerzenlicht
diesen Tag vertiefen
dem Lustvollen dankbar nachspüren
dem Schwierigen nicht ausweichen
beides loslassen
leer werden
sein dürfen
Gottes Entgegenkommen erfahren

Am Ende des Tages
im Kerzenlicht
die brennenden Fragen
der ganzen Welt entdecken
sich nicht abfinden mit Gewalt und Ungerechtigkeit
sie Gott anvertrauen
damit im Ausruhen neue Solidaritätskraft reifen kann

Am Ende des Tages
im Kerzenlicht
sein dürfen
meinem Seinsgrund trauen
darin die tiefe Sehnsucht erkennen
angenommen
anerkannt
verwurzelt
zu sein

Ich liebe die Kerzen

Carolin Reiber

Meist opfere ich eine Nacht, um den Christbaum zu schmücken, letzte Päckchen zu verpacken und zu drapieren – bei weihnachtlicher Musik für mich keine lästige Pflicht, sondern Entspannung pur. Seit einigen Jahren sind die Geschenke übrigens „unsichtbar", wenn das Weihnachtsglöckchen erklingt und die Familie den festlich geschmückten Raum betritt. Ich lege eine weiße Decke darüber, damit neugierige Kinderaugen nicht ständig zu den bunten Päckchen huschen, sondern der Weihnachtsgeschichte lauschen: „Es begab sich aber zu der Zeit, dass ein Gebot von dem Kaiser Augustus ausging …"

Seit ich mich erinnern kann, beginnt der Heiligabend in unserer Familie mit dem Vorlesen der Weihnachtsgeschichte aus dem Lukasevangelium. Danach wird gesungen, sicher nicht immer den richtigen Ton treffend, aber mit Inbrunst.

Wann beschert wird, variierte immer mal wieder in all den Jahren. Kleine Enkel haben natürlich nicht die Geduld, ein Vier-Gänge-Menü zu genießen, während ein paar Meter weiter vielleicht die ersehnte Puppe oder die neue Dampflok von der Christkindl-Wunschliste wartet. Also wird erst beschert, und danach setzen sich alle an die festlich gedeckte Tafel.

Nach Bescherung und Festmahl klingt bei uns der Heiligabend mit dem Besuch der Christmette aus. Auch das gehört in unserer Familie zu einem gelungenen Weihnachtsfest. Als Glücksfall kann ich die Tatsache bezeichnen, dass Kinder und Enkel gerne in ihrem Elternhaus feiern. Vielleicht hängt es ja auch ein bisschen damit zusammen, dass ich mir große Mühe gebe, den Rahmen festlich zu gestalten.

Dekorieren und Schmücken – eigentlich fast immer „Frauen-Sache“, oder?

Dass der Heilige Abend in manchen Familien zur echten Bewährungsprobe wird, ist bekannt. Schon im Vorfeld kann es Probleme geben … beide Elternpaare können nicht eingeladen werden, weil sie sich nicht verstehen. Also: Kommen ihre Eltern oder seine Eltern? Überhaupt: Wo wird gefeiert? Ein Thema, das Stoff für viele unangenehme Diskussionen bieten kann. Manche Menschen ärgern sich über „falsche“ Geschenke, statt froh zu sein, überhaupt etwas geschenkt zu bekommen. Vor allem mit zu viel Alkohol unterm Tannenbaum kann der Heilige Abend zu einem Tretminenfeld werden. Plötzlich glaubt man, ausgerechnet am Fest der Liebe sagen zu müssen, was man zwölf Monate runtergeschluckt hat. Keine gute Idee!

Sicher wird jeder so Weihnachten feiern, wie es ihm gefällt – vor allem aber, wie er kann. Mir würde es schwerfallen, auf lieb gewordene Traditionen zu verzichten, auch weil sich in ihnen der Sinn widerspiegelt: Weihnachten, ein Fest der Freude. Ich liebe Kerzen, die winterliche Stimmung, die Kälte und jene Wärme, die nicht nur mit der Zimmertemperatur zusammenhängt. Solange nicht vergessen wird, dass die Menschheit Christi Geburt feiert, ist Weihnachten eine Angelegenheit des Herzens. Und das Herz kann am 24. Dezember überall sein …

Leuchtende Augen

Notker Wolf

Ich war ein zweieinhalb Jahre alter Stöpsel, als ich ein Weihnachtsfest erleben durfte, das mein ganzes künftiges Leben prägen sollte. Es war im Winter des Jahres 1942, mitten im Krieg. Mein Vater war an der Front. Meine Mutter wusste nicht, ob sie ihn je wiedersehen würde. Aber unser Vermieter, der im Erdgeschoss wohnte, hatte für die Feiertage Heimaturlaub bekommen. Und noch heute erinnere ich mich, wie ich am Heiligen Abend ein Glöckchen läuten hörte und meine Mutter sagte: „Jetzt kommt das Christkind!"

Als ich über die Treppe in das Erdgeschoss hinuntergetapst war, öffnete sich vor mir eine Tür: Zum ersten Mal in meinem Leben sah ich einen Tannenbaum mit brennenden Kerzen. Und unter dem Baum war das Schönste, ein Netz mit bunten Bauklötzen. Als ich sie überglücklich in meine Fingerlein nahm, fiel mein Blick auf unseren Vermieter: Er strahlte vor Freude über mein Glück. Bald darauf ist er gefallen. Doch das Leuchten in seinen Augen ist mir bis auf den Tag in Erinnerung geblieben. Durch ihn habe ich gelernt: Es ist eine der größten Freuden, anderen eine Freude zu machen.

Bis heute empfinde ich so viele kleine und große Dinge in meinem Leben als Geschenk. Und immer wieder spüre ich den Wunsch, dem dafür zu danken, der Ursprung alles Guten ist. Sind nicht gerade die Momente größten Glücks im Leben nie das eigene Verdienst, sondern immer ein Geschenk?

In unseren Konsumgesellschaften müssen Weihnachtsgeschenke heute teuer sein und Festmenüs vom Feinsten. Was nicht viel kostet, hat offenbar keinen Wert, löst offenbar keine Freude aus. Ganz anderes berichten mir so oft

Menschen, die in Kriegszeiten, in Gefangenenlagern und unter anderen elenden Bedingungen Weihnachten gefeiert haben, oder viele unserer Mitbrüder in den Entwicklungsländern: Jedes Licht und jedes noch so bescheidene Geschenk wird unter solchen Umständen Grund zur Freude und zur Dankbarkeit. Alles wird dann zu einem Hinweis darauf, dass der unter uns ist, der uns das Größte schenkt: Leben und Zukunft.

Achtsam werden

Du kannst
die Dunkelheit
nicht abschaffen
sinnlose Kriege
nicht verhindern
und den Hunger
ganzer Völker
nicht stillen.

Aber jeder von uns kann
die Augen eines Kindes
zum Leuchten bringen
dem Blick des Fremden
ein Lächeln entlocken
und den Lippen des Kranken
ein „Danke".

Corinna Mühlstedt

Der wiedergefundene Lebensbaum

Benedikt XVI.

Vor einigen Jahren hatte ich das Glück, den wohl ältesten uns erhalten gebliebenen Christbaum der Welt zu sehen, der so etwas wie das Hochaltarbild der Kirche zu Christkindl bei Steyr ist. Die Geschichte des Baumes führt in das Jahr 1691. Damals hatte Steyr einen neuen Türmer und Chorregenten erhalten, der an Epilepsie litt, an der „hinfallenden Krankheit", wie es die Chronik treuherzig ausdrückt. In Melk, von wo er kam, hatte er die Verehrung des Jesuskindes gelernt. Nun stellte er in die Höhlung einer Tanne von mittlerer Größe ein Bild der heiligen Familie und hielt dort seine Andacht, von der er sich gestärkt und getröstet fühlte. Dann erfuhr er von einem Bild des Christkinds, das einer gelähmten Nonne Heilung gebracht hatte. Er erhielt schließlich eine getreue Nachbildung davon: ein wächsernes Jesuskind, das in der einen Hand das Kreuz, in der anderen die Dornenkrone trägt. Jetzt brachte er dieses zu dem Baum, hielt vor ihm seine Andacht und fühlte eine heilende Kraft davon ausgehen.

Allmählich erfuhren die Menschen davon; sie begannen, zu dem Christkind im Baum zu pilgern. Gegen das Zögern der kirchlichen Obrigkeit zu Passau setzten sie es durch, um diesen Baum herum ein Kirchlein zu bauen. So wurde 1708 der Grundstein gelegt zu der Christkindlskirche, die nach dem Vorbild von Santa Maria Rotonda zu Rom errichtet wurde. Sie ist gleichsam zur kostbaren Schale geworden für den Baum, aus dem Altar und Tabernakel hervorwachsen: Noch immer trägt der Baum auch das kleine wächserne Jesuskind, das von Krone und Strahlen umgeben Verheißung und Hoffnung für die Menschen ist. Für mich ist diese Begegnung nicht nur Auslegung eines unserer schönsten Weihnachtsbräuche geworden, sondern von ihm her Zugang zur Mitte des weihnachtlichen Geheimnisses selbst. Dieser Baum steht ja nun da als der wiedergefundene Baum des Lebens aus dem Paradies – „der Cherub steht nicht mehr dafür“. Dieser Baum ist Maria mit der gebenedeiten Frucht ihres Leibes: Jesus. Jesus aber ist da als Kind, unbewehrt, einladend, „Emmanuel“, Gott zum Anfassen, Du-Sagen. Er lädt uns zu sich ein, uns, die wir in einem sehr tiefen Sinn doch alle unter der „hinfallenden Krankheit“ leiden. Immer wieder sind wir unfähig, inwendig aufrecht zu gehen und zu stehen. Immer wieder fallen wir hin, sind nicht Herr über uns selbst, entfremdet und unfrei. Die Rotunde des Baues unterstreicht diese Aussage noch. Das kreisförmige Achteck ist die klassische Form der Taufkirche, die wiederum an uralte religionsgeschichtliche Überlieferungen anknüpft, an die Höhle und den Rundbau, die den Mutterleib – das Geheimnis der Geburt andeuten ... Wir müssen wiedergeboren werden. Wir müssen angenommen werden und uns annehmen lassen. Wir müssen unsere Abhängigkeit in Liebe verwandeln lassen und darin frei werden. Wir müssen wiedergeboren werden, den Stolz ablegen, Kind werden: im Kind Jesus die Frucht des Lebens erkennen und empfangen.

Dazu will Weihnachten uns führen; das ist die Wahrheit des Kindes, der Frucht vom Baum des Lebens. Der Baum zu Christkindl, der uns dies sagt, ist zugleich Monstranz: Hervortreten dessen, der Brot des Lebens ist; Sichtbarwerden des Heils. Und er ist Kreuz und konnte so zum Altar werden. Das Kind trägt Kreuz und Dornenkrone in den Händen, die Zeichen der Liebe, die den Baum ins Kreuz, das Kreuz aber in den Tisch des ewigen Lebens verwandelt.

Der wahre Lebensbaum ist nicht fern von uns, irgendwo in einer verlorenen Welt. Er ist in unserer Mitte aufgestellt ...

Ein Weihnachtsbaum

Weil Tannenzweig hat kein Gewand
als nur ein Kleid aus Nadeln,
hat ihn erwählt die Gnadenhand
als Christbaum ihn zu adeln.

Ein Weihnachtsbaum das Leben war,
gleich nach dem ersten Werde,
geschmückt vom ersten Elternpaar,
von Himmel und von Erde.

Die Erde schmückt den Lebensbaum
mit Blumen und mit Früchten,
mit Bild und Zierrat, Schaum und Traum
und weltlichen Geschichten.

Der Himmel zünd't die Lichtlein an,
die lieben hellen Sterne,
und knüpft die schönsten Mährlein an
von oben aus der Ferne.

Die liebe Mutter Erde hat
gar viel der bunten Gaben,
sein bisschen Gold soll jedes Blatt,
sein Zuckerwerk auch haben.

Der Himmelsvater schmückt den Baum
mit höheren Geschenken,
mit Hoffnung, Glaube, Liebestraum,
mit Fühlen und mit Denken.

Und wenn des Lebens Weihe-Nacht
geht einstens ganz zu Ende,
der Mutter Erde Gabenpracht
verschwindet ganz behende.

Und Blume, Gold und Flitterglanz,
all die vergold'ten Nüsse,
sie sinken mit dem Lebenskranz
ins Reich der Finsternisse.

Doch was der Vater Himmel gab,
das nimmt der Mensch vom Baume.
Und nimmt's mit sich durch Tod und Grab
nach jenem hohen Raume.

Ihm leuchten vor ins bessre Land
aus diesem Erdenstaube
die Lichtlein, die am Baum gebrannt,
die Hoffnung und der Glaube.

Wer diese Lichtlein mit sich bringt,
die Gott ihm hier bescherte,
zu dem sagt Christus unbedingt:
Du bleibst mein Kind, das werte.

Mein Kind, geh nun zum Himmel ein,
dein wartet die Bescherung,
ein Weihnachtsbaum voll Sternenschein
und ewige Verklärung.

Moritz Gottlieb Saphir

3

Im Licht der heiligen Nacht

Es leucht wohl mitten in der Nacht

Gelobet seist du, Jesu Christ,
dass du Mensch geboren bist
von einer Jungfrau, das ist wahr;
des freuet sich der Engel Schar.
Kyrieleis.

Des ewgen Vaters einig Kind
jetzt man in der Krippe find't.
In unser armes Fleisch und Blut
verkleidet sich das ewig Gut.
Kyrieleis.

Den aller Welt Kreis nie umschloss,
der liegt in Marien Schoß.
Er ist ein Kindlein worden klein,
der alle Ding erhält allein.
Kyrieleis.

Das ewig Licht geht da herein,
gibt der Welt ein neuen Schein.
Es leucht wohl mitten in der Nacht
und uns des Lichtes Kinder macht.
Kyrieleis.

Worte von Martin Luther
Melodie aus Meidingen, 15. Jahrhundert

Heilige Nacht

Was für eine Heilige Nacht,
in der die Liebe geboren wird,
die alle Grenzen
und alles Denken weit überschreitet.
Jesus Christus, das göttliche Kind,
wird immer wieder geboren,
heute, in jeder und jedem von uns.
In den Augenblicken,
in denen die Liebe unser Herz durchdringt
und nach außen weiterstrahlt,
leuchtet das himmlische Licht
durch uns hindurch
in die Welt.

Christa Spilling-Nöker

Das Licht der Weihnacht

Margot Käßmann

„Das Volk, das im Finstern wandelt, sieht ein großes Licht“: Das ist und bleibt eine wunderbare Verheißung. Auch für den Glauben. Können wir uns wirklich auf Gott verlassen? Das fragen viele, die Dunkelheit empfinden in ihrem Leben … Glaube bleibt ein Ringen mit dem Zweifel, mit dem Leiden, mit der Frage nach Gott. Auch im 21. Jahrhundert. Wer aber fragt und ringt und zweifelt, steht schon mitten in einer Beziehungsgeschichte zu Gott.

Wir sollten nicht so tun, als hätten wir unser Leben, unsere Welt, ja die Schöpfung „im Griff“ … Glaubenshoffnung meint etwas anderes. Sie sagt: Was auch kommen mag, Gott wird mir zur Seite stehen. Gott ist bei denen, die einsam sind, die leiden. Gott steht denen bei, die sterben. Ja unsere Hoffnung geht über den Tod hinaus. Gottvertrauen ist eine Lebenshaltung …

Was uns bedrückt und was uns freut, was enttäuscht und wofür wir dankbar sind, wird hell bestrahlt von dem Licht der Weihnacht. Gott ist in die Welt gekommen. Gottes Lebenszusage reicht weit über das hinaus, was wir erkennen und sehen. Sie erhebt Anspruch auf eine Friedensherrschaft, die Recht und Gerechtigkeit bringt. Als Hoffnung über alle Zeiten hinweg. In Menschen, die an Gott glauben, bleibt die Hoffnung wach, dass alles sich ändern kann.

Wir haben die Gewissheit, dass wir gehalten sind, weil im Dunkeln Licht scheint.

Lichtblick

Franz Kamphaus

Im Prophetenwort vom Gottesknecht (Jesaja 42) heißt es: „Das geknickte Rohr zerbricht er nicht, und den glimmenden Docht löscht er nicht aus.“ Was damit gemeint ist, wird klar, wenn man die negative Formulierung des Satzes zur positiven Seite hin ergänzt. Dann füllt der Gottesknecht die erlöschende Lampe wieder auf, damit sie leuchtet. Und das beschädigte Rohr richtet er wieder auf. Das ist denen gesagt, die im Exil sind und denken: Uns ist doch nicht mehr zu helfen, wir gehen vollends zugrunde.

Ganz unten fängt er an. Er erbarmt sich über die Geknickten, über die, die einen Knacks bekommen haben. Er steht denen bei, die auf der Schattenseite des Lebens verkümmern, bei denen es finster aussieht. Er sagt nicht: Stoße, was fallen will, sondern: Richte das geknickte Rohr wieder auf! Gott tut es auch. Er sieht uns immer noch mit anderen Augen, mit einem Herzen, das zurechtbringt, zusammenführt, wieder aufrichtet.

Vielleicht denken manche: Mein Leben ist nur noch wie ein Ton, der langsam verklingt. Es liegt kein Glanz mehr drüber. Nichts strahlt, es springt kein Funke über. Er wird den glimmenden Docht nicht auslöschen. Wir sind im Auslöschen groß: einen Menschen auslöschen, das Bild von ihm in unserer Erinnerung auslöschen. Gott denkt und handelt anders, durch seinen Knecht. Der ist „das Licht für die Völker“, er wird „blinde Augen öffnen“. Er ist ein „Lichtblick“. Mit ihm geht uns ein Licht auf. Er holt die ans Licht, die im Dunkeln sitzen. Er holt die Gefangenen aus ihrem Kerker, damit sie in Freiheit leben können.

Wer ist der Gottesknecht? Darüber ist viel nachgedacht und geschrieben worden. Mal sieht man im Gottesknecht eine Einzelgestalt (den Propheten), mal die Verkörperung des ganzen Volkes Israel. Für und gegen jede dieser Deutungen gibt es gute Argumente. Doch wird man sehr wohl danach fragen müssen, welches Licht von Jesaja 42 her auf den Menschensohn Jesus Christus fällt. Er ist der Knecht Gottes. Er ist der „heruntergekommene" Gott.

Geheimnis der Menschwerdung

Pierre Stutz

Die Menschwerdung Gottes erzählt uns vom heruntergekommenen Gott. Gott lässt sich ein auf diese Welt, auf ihre Entwicklungskraft und auf ihre Begrenztheit. Gott wartet nicht die idealen Bedingungen ab, um seine Sympathie auszudrücken, sondern begibt sich an den Rand, um uns eine Mitte zu eröffnen. Diese Erkenntnis prägt meine Spiritualität. Spirituelle Menschen sind für mich Frauen und Männer, die sich einlassen auf das Leben. Menschen guten Willens, die nicht über den Dingen stehen, sondern sich verwurzeln, wachsen und reifen in dem, was das Leben ihnen entgegenbringt.

Ich warte also nicht ein Leben lang auf die große Erleuchtung, auf die idealen Möglichkeiten, um ich selbst zu werden, sondern ich traue der Kraft des Augenblicks, dem, was hier und jetzt ist, um mich zu entfalten und mitzugestalten an menschlicheren Strukturen, die auch das Eingebundensein in die Schöpfung einbeziehen.

Was in der Geburt Jesu sich verdichtet, möchte durch jeden Menschen verinnerlicht und angeeignet werden … Das Geheimnis der Menschwerdung geschah nicht nur einmal in Betlehem, sondern es ereignet sich im Augenblick.

Und im Dunkel strahlt ein Licht

Andrea Schwarz

Gott nimmt uns unsere Dunkelheiten nicht. Es bleiben Krankheit und Tod, Angst und Einsamkeit, Missverständnisse und Verletzungen. Das ist menschlich. Die Begrenzungen unseres menschlichen Lebens stehen in der Spannung zu unserer Sehnsucht nach der Unbegrenztheit. Wir träumen davon, dass die Freiheit grenzenlos sein mag – und stoßen uns dann den Kopf blutig, wenn wir mit diesem Traum an die Grenzen unserer menschlichen Existenz stoßen.

Aber gerade die Begrenzungen unseres Lebens machen unser Mensch-Sein aus: Gäbe es den Tod nicht mehr, wären wir Gott – aber keine Menschen. Wären wir vollkommen, allmächtig, stark – dann wären wir Gott, aber keine Menschen mehr. Kennzeichen unseres Mensch-Seins ist gerade unsere Gebrochenheit. Und diese Gebrochenheit, den Tod, diese Grenzen kann uns keiner nehmen, wenn er uns nicht unser Mensch-Sein nehmen will. Jede Religion, jeder Guru, jede Sekte, die das verspricht, lügt.

Keiner kann uns das Dunkel unseres Lebens nehmen.

Hier auf Erden werden bleiben Tod und Einsamkeit, Krankheit und Grenze.

Und unser Gott hat uns das auch nie versprochen. Ja, er wird die Tränen abwischen – aber wir haben geweint. Er führt uns durch den Tod zum ewigen Leben – aber er kann den Tod nicht wegnehmen. Er nimmt uns unser Dunkel nicht – aber er selbst kommt als Licht in unsere Dunkelheit.

Und das ist die radikale Botschaft des Weihnachtsfestes: Dieser Gott kommt aus seiner Unbegrenztheit in die Begrenzungen unseres menschlichen Lebens hinein, damit wir sie besser aushalten und leben können. Er selbst wird

Mensch und unterwirft sich, bei aller Göttlichkeit, menschlichen Begrenzungen. Er weint und leidet, er hat Angst und wird verraten, er ist einsam und unverstanden. Er wird Kind in einer armseligen Krippe im Stall – und stirbt einen qualvollen Tod am Kreuz. Er kann uns unser Dunkel nicht nehmen – aber in seiner Liebe zeigt er sich abgrundtief solidarisch mit uns Menschen: Er kommt mitten hinein in unsere Dunkelheiten. Er verlässt seine göttliche Größe, um in unsere Kleinheit hineinzukommen. Er wird Mensch, um uns so nahe zu sein, wie es nur ein Mensch sein kann. Er, der Unbegreifliche, macht sich begreiflich, damit wir etwas von der Größe dieses Gottes erahnen können. Er nimmt den Tod auf sich, damit wir gerade in diesen schmerzlichen Stunden nicht allein sind. Er geht uns nach in all unsere menschlichen Situationen hinein – um uns nah zu sein, ganz nah … ja, die Liebe unseres Gottes geht so weit, dass er sich in eine Welt hineinbegibt, in der scheinbar der Tod das letzte Wort hat. Auch er kann den Tod nicht wegnehmen – aber er nimmt den Kampf mit ihm auf und er besiegt ihn.

Dieser Gott ist so stark, dass er sich schwach machen kann – in einem Kind in der Krippe, im Gekreuzigten auf Golgota.

Das ist das Licht, das in unsere Dunkelheiten kommt – nicht, um sie wegzunehmen, sondern um sie zu erhellen.

Das Licht der Menschen

Im Anfang war das Wort,
und das Wort war bei Gott,
und Gott war das Wort.
Jesus Christus, das wirkende Wort,
war im Anfang bei Gott.
Alles wurde durch ihn,
nichts entstand ohne den, der das Wort ist.
In ihm war das Leben,
und das Leben war das Licht der Menschen.
Das Licht scheint in der Finsternis,
und die Finsternis nahm es nicht an.

Ein Mensch trat auf, von Gott gesandt,
der hieß Johannes.
Der empfing den Auftrag, das Licht zu bezeugen,
damit alle durch ihn glaubten.
Er war nicht das Licht,
sein Amt war es, auf das Licht hinzuweisen.

Christus aber war das wahrhaftige Licht,
das in die Welt kam, um allen Menschen zu leuchten.
Er war in der Welt,
und die Welt war durch ihn entstanden,
und die Welt erkannte ihn nicht.
Er kam in sein Eigentum,
und die Seinen nahmen ihn nicht auf.
Allen aber, die ihn aufnahmen,
gab er das Recht, Gottes Kinder zu sein.

Nach dem Johannesevangelium
Übertragen von Jörg Zink

Am Licht nicht zweifeln

Richard Rohr

Die Finsternis wird nie ganz aufhören. Ich war lange genug in der Seelsorge tätig, um zu wissen, dass die Finsternis nicht verschwindet, sondern das Johannesevangelium Recht hat: „Das Licht scheint in der Finsternis, und die Finsternis hat es nicht ergriffen", sie wird es aber auch nicht ersticken (Johannes 1,5). So sieht die christliche Form des Yin und Yang aus, unsere Weise, an das Paradox und das Geheimnis zu glauben.

Wir alle müssen hoffen und aktiv darum bemüht sein, dass die Finsternis schwindet, vor allem auf dem Gebiet der großen sozialen Fragen unserer Zeit. Wir wünschen, der Hunger auf der Welt könnte ausgerottet werden. Wir wünschen, wir könnten die Vergeudung der Ressourcen der Erde für die Rüstung stoppen. Wir wünschen, wir könnten dem Skandal ein Ende setzen, dass Menschen vom Mutterschoß an und in jedem Lebensalter getötet werden. Aber ab einem gewissen Punkt müssen wir mit der Tatsache leben, dass die Finsternis schon immer da war, und einsehen, dass die Frage nur heißen kann: Wie nehme ich selbst das Licht auf und wie verbreite ich es in meiner Umgebung? Das ist genauso wenig eine Kapitulation, wie das Kreuz eine Kapitulation war. Es ist vielmehr die eigentliche Verwandlung in den absolut einzigartigen Charakter des auferstandenen Christus und die Übernahme seines Programms.

Unsere Aufgabe ist es, zu erkennen, was wirklich Finsternis ist, und dann zu lernen, wie wir schöpferisch und mutig mit ihr umgehen können. Anders gesagt: Nenn die Finsternis nicht Licht! Nenn die Finsternis nicht gut! Denn das ist die Versuchung, der viele erliegen, die sich ganz mit einer bestimmten Weltanschauung identifizieren. Meist ist ihnen weder Weisheit noch Unterscheidungsvermögen beigebracht worden. Oft versuchen wir, unsere innere Spannung loszuwerden, indem wir die Finsternis nicht Finsternis nennen und so tun, als sei sie ein ganz passables Licht. Oder wir denken, wir könnten die innere Spannung abbauen, indem wir uns der Finsternis voll Zorn und wie besessen entgegenstellen; und werden dann ein Spielball von ihr. Das kann für gewöhnlich außer einem selbst jeder leicht sehen.

Unsere christliche Weisheit besteht darin, dass wir die Finsternis Finsternis nennen und das Licht Licht und dass wir lernen, wie wir im Licht leben und aktiv sein können, so dass die Finsternis uns nicht überrollt. Wenn wir die rosarote Brille tragen und mit der Einstellung leben, alles sei doch eigentlich wunderbar, geraten wir in Wirklichkeit in die Falle der Finsternis, denn wir sehen dann nicht klar genug, um den Weizen von der Spreu unterscheiden zu können. Wenn wir dagegen umgekehrt nur die Finsternis im Blick haben und das grundlegendere Licht vergessen, werden wir von unserer eigenen negativen Einstellung und unserem Fanatismus zerfressen, oder wir meinen naiverweise, wir selbst seien von der Finsternis ausgenommen. Weise ist es, stattdessen mitten in der Finsternis voll Hoffnung zu warten und aktiv zu sein und dabei niemals an dem Licht zu zweifeln, das Gott selbst immerdar ist – und das auch wir sind (Matthäus 5,14). Das ist der enge Geburtskanal Gottes in die Welt – durch die Finsternis hindurch in ein immer größeres Licht.

Manchmal bricht dein Licht

Manchmal bricht dein Licht
in Menschen durch, unaufhaltsam,
so wie ein Kind geboren wird.

Gedenk des Menschen,
der wird genannt: dein Kind,
dein Königreich, dein Licht.

Keine Finsternis hat ihn je überwältigt.

Gedenk unser, die, wie er,
geboren sind, ein für allemal,
die aus seinem Mund deinen Namen hörten,

die leben müssen im Schatten des Todes,

leben, ihm nach.

Huub Oosterhuis

Staunen

Notker Wolf

In der internationalen Benediktiner-Hochschule von Sant' Anselmo, wo ich lebe, steht an Weihnachten nur eines im Vordergrund: das Wunder, dass Gott zu uns gefunden hat. Dabei verzichten wir nicht auf einen schlichten, aber festlichen Rahmen. In unserem Speisesaal schmücken wir am 24. Dezember einen Weihnachtsbaum. Darunter liegt ein großes, aus Holz geschnitztes, italienisches Christkind.

In unserer Kirche steht eine Krippe aus Mexiko. Denn wir Benediktiner sind heute auf allen fünf Kontinenten zu Hause. Unsere Professoren und Studenten in Sant'Anselmo kommen aus aller Welt. Und es macht mir immer wieder Freude, diese bunt zusammengewürfelte Gemeinschaft zu erleben. Schön ist auch der Brauch, dass am Weihnachtsabend während des gemeinsamen Essens Mitbrüder Lieder aus ihren Heimatländern vortragen.

Den Höhepunkt des Weihnachtsfestes bildet dann wie in allen Benediktinerklöstern rund um den Globus die Mitternachtsmesse. Und danach gibt es bei uns in Rom noch einen Empfang. Mit Prosecco und Panettone – einem typisch italienischen Weihnachtsgebäck – stoßen wir zusammen mit Freunden und Gästen in kleiner Runde auf das Christkind an.

Während einer solchen Feier kam ich mit einem unserer Studenten aus dem ehemaligen Ostblock ins Gespräch. Er bereitete sich darauf vor, Priester zu werden. Wenn er sein theologisches Examen bestanden habe, werde er in seine Heimat zurückkehren, erklärte er mir, und hoffe, dort ein einflussreiches Amt auszuüben.

Ich fragte, was ihn bei seinem Studium motiviere? Und er antwortete: „Sehen Sie, jede Gesellschaft ist doch so etwas wie eine Pyramide. Mit einem Abschluss aus Rom komme ich der Spitze dieser Pyramide ein ganzes Stück näher."

Nachdenklich hörte ich dem jungen Mann zu und ging dabei mit ihm ein paar Schritte weiter zu unserer Krippe. „Nun ja", meinte ich, „das mit der Pyramide mag schon stimmen. Aber ER" – ich wies auf das Kind in der Krippe – „hat diese Pyramide doch gründlich auf den Kopf gestellt." Unser Student blieb noch lange schweigend vor der Krippe stehen.

Verheißungsvolle Schatten

Henri Nouwen

Das Licht von Weihnachten macht alle Dinge neu und enthüllt die Größe, die in diesem unscheinbaren Geschehen der Geburt verborgen ist. Ich bete um die Kraft, das Licht in meinem Herzen lebendig zu halten, damit ich sehen und die anderen auf die verheißungsvollen Schatten hinweisen kann, die an den Wänden unserer Welt erscheinen.

Im Dunkel des Stalls ein flackerndes Licht

Und das habt zum Zeichen:
ihr werdet ein Kind finden,
in Windeln gewickelt, das in einer Krippe liegt.
Lukas 2,12

Im Dunkel des Stalls ein flackerndes Licht.
Scheint auf das Neugeborene, so ruhig, so still.
Weint nicht. Kam willig ins Chaos der Welt, die es schuf.

Ernstes Lächeln auf dem kleinen Gesicht.
Wie ähnelt es jetzt dem ersten Menschen der Welt …
ein Lächeln der Liebe und des Gehorsams
für den mühsamen Weg bis ans Kreuz.

Wie weit diese kleine atmende Brust:
unzähligen verlorenen Söhnen wird sie einst
wiedergefundene Heimat sein.
Und die Schultern: zart wie Jade und doch stark wie Stein –
tragen Menschenkummer und -leid.

Schlafe sanft, heiliges Kind,
in tiefe Liebe will ich dich betten.
Schlafe sanft, in mir
ist eine Krippe für dich bereit.

Weifan Wang

Licht und Wärme

Phil Bosmans

Licht, Frieden, Freude hängen nicht am Christbaum. Sie kommen nicht über dich mit etwas sentimentaler Musik. Weihnachtsmärkte, Wunschträume in Geschenkverpackung können kein einziges leeres Herz mit Glück erfüllen. In Armut und Kälte und in tiefer Verlassenheit ist einer in die Welt zu allen Menschen gekommen, der mit seinem ganzen Leben Licht und Wärme sein wollte. An einem Kreuz hat der die Welt wieder verlassen. Wenn du offen bist für das Geheimnis dieses Menschen, offen wie ein Kind, wirst du Licht empfangen und Wärme fühlen. Ich wünsche dir in diesen Tagen Licht und Wärme im Herzen, um Menschen aus der Kälte zu holen und ein paar Sterne im Dunkel anzuzünden.

Das göttliche Licht kommt

Peter Dyckhoff

Das göttliche Licht möchte in seiner ganzen Fülle zu den Menschen kommen und in ihren Herzen wohnen. Aus Angst und mangelndem Glauben, dass sich vielleicht doch nicht die göttliche Botschaft vom Kommen Gottes erfüllt, klammern wir uns allzu leicht an unsere Mitmenschen und an vergängliche Dinge, anstatt uns glaubend, liebend und vertrauend auf Gott auszurichten. Damit er nicht vergeblich an die Tür unseres Herzens klopft, brauchen wir ihm nur zu öffnen und eine Herberge zu geben.

4

Geschichten im Kerzenlicht

Zu Betlehem geboren

Zu Betlehem geboren
ist uns ein Kindelein.
Das hab ich auserkoren,
sein eigen will ich sein.
Eia, eia, sein eigen will ich sein.

In seine Lieb versenken
will ich mich ganz hinab;
mein Herz will ich ihm schenken
und alles, was ich hab,
eia, eia, und alles, was ich hab.

O Kindelein, von Herzen
will ich dich lieben sehr,
in Freuden und in Schmerzen,
je länger und je mehr,
eia, eia, je länger und je mehr.

Dazu dein Gnad mir gebe,
bitt ich aus Herzensgrund,
dass dir allein ich lebe,
jetzt und zu aller Stund,
eia, eia, jetzt und zu aller Stund.

Worte von Friedrich Spee von Langenfeld
Melodie aus Köln (17. Jahrhundert)

Widerschein des Lichts

Ein Licht leuchtet
in die Dunkelheiten hinein.
Es lässt uns die tröstliche Gewissheit
zuwachsen, dass die inneren Hoffnungsbilder
wieder heller werden
und sich die Zuversicht
wie ein Teppich von Palmblättern
unter unsere Füße legt.
Unsere Schritte zur Versöhnung
werden leicht, und die Spuren des Friedens,
die wir in die Welt tragen,
finden ihren Widerschein
in uns selbst.

Christa Spilling-Nöker

Das Licht

Peter Henisch

Der kleine Jesus liegt in der Krippe und weiß von nichts. Das heißt: eigentlich weiß er alles, aber bei seiner Geburt hat ihn (nach guter alter jüdischer Sitte) ein Engel auf den Mund geschlagen, und er hat alles vergessen. Was im Anfang war und am Ende sein wird – die ganze Weltgeschichte. Nun liegt er da, wie ein Neugeborenes daliegt, und heißt vorläufig Jeschua.

Sicher, die Umstände sind etwas ungewöhnlich, nicht jedes Neugeborene liegt (wie man später in Weihnachtslieder singen wird:) auf Heu und auf Stroh. Aber man muss nicht meinen, dass er da schlecht liegt, die Witterungsverhältnisse sind übrigens auch anders, als wir uns das vorstellen werden – Schnee ist recht unwahrscheinlich im Lande Juda. Mehr nolens als volens sind seine Eltern aufgebrochen, um sich in ihrer Heimatgemeinde registrieren zu lassen. Und das haben wir jetzt davon, hat Josef zu Miriam gesagt, als ihre Wehen zu früh angefangen haben, wären wir doch in Nazareth geblieben!

Die Umgebung ist allerdings so übel nicht. Stall ist nicht gleich Stall, Schweine werden in Israel nicht gezüchtet, und die Hirten sind freundliche Leute. Man hat Schafskäs und Brot gebracht, noch nicht dem Jesuskind natürlich, aber seinen Eltern, vielleicht gibt es sogar einen Schluck Wein. Oder nein: nehmen wir lieber Ziegenmilch, die ist gut für stillende Mütter. *Mein* Sohn, sagt Josef, und kommt nicht auf den Gedanken, daran zu zweifeln, ben Josef, der Sohn Josefs. So wäre, bis auf die politischen Verhältnisse (immerhin steht die Besatzungsmacht im Land, aber das mag man in so einem privaten Augenblick vergessen), alles schlicht idyllisch bei der Geburt des kleinen J. Erst recht, wenn man unter dem Dach des Stalls Ochs und Esel und darüber einen ungeheuren Sternenhimmel hinzudenkt. Aber das ist es eben, dieser Sternenhimmel – ein Sternenhimmel, wie wir ihn heute, unter unserer Dreckglocke, kaum mehr sehen können –, der Himmel ist schuld. Vielleicht ist das Dach des Unterschlupfs schadhaft, und gerade das gibt dem einen oder anderen Lichtstrahl die Möglichkeit, einzufallen – aber dieser Einfall ist sicher kein Zufall.

Wir wollen der Überlieferung folgen und annehmen, dass es ein Hirt zuerst gesehen hat. Das waren ja übrigens keine Hüterbuben damals, sondern Halbnomaden, vertraut mit den Zeichen und Wundern der Natur, immer in Erwartung des Unerwarteten. Oder auch in Erwartung des voll heiliger Ungeduld Erwarteten: Da wird einer kommen, der wird uns (sein Volk) befreien. Und dann wird die Willkür der Herrschenden aufhören, dann werden die Erniedrigten und Beleidigten erhöht und entschädigt werden, dann wird kein ungerechter Unterschied mehr sein zwischen unten und oben. Seht doch nur, seht, könnte also dieser Hirt gesagt haben. Und: Was, könnte Josef gefragt haben, was gibt es denn da schon groß zu sehen? Das Licht, sagt der Hirt, das Licht auf der Stirn des Kleinen! Na und, könnte Josef gesagt haben, na schön, dann stellen wir halt das Kind ins Dunkel, damit es besser schläft. Ja, jetzt darf er noch schlafen, dem später, gegen Ende seines Lebens, das Schlafen so schwer fallen wird, in einem Garten in der Nähe Jerusalems, aber hier ist Bethlehem. An Miriams Brust schläft er ein, wie ein satter Säugling einschläft. Und der versponnene Hirt fällt zurück in sein nachdenkliches Schweigen und summt vielleicht einen Psalm in seinen Bart. Einen Psalm, den man später zu einem Schlaflied verniedlichen wird, doch nun, da das Kinn des Hirten nach und nach auf die Brust sinkt, klingt er wirklich so ähnlich. Und draußen ist Nacht, und auch die römischen Soldaten in den Garnisonen schlafen. Und selbst der Kaiser in Rom schläft, wenngleich etwas zeitverschoben, und hat noch keine Ahnung, was seinem Reich, das sehr eindeutig von dieser Welt ist, bevorsteht. Stille Nacht, heilige Nacht – aber das ist die Nacht vor dem Tag, die Ruhe vor dem Sturm. Denn später, in Nazareth, wird der kleine Jesus aufwachen und fragen …:

Mame, wie war das damals, als ich geboren wurde?

Du bist ein bisschen zu früh gekommen, wird sie sagen, und es hat Gott sei Dank nicht besonders weh getan.

Ja aber, wird der kleine Junge sagen, das meine ich nicht, wie war das mit dem Licht?

Das Licht war auf deiner Stirn, wird Miriam sagen.

Ach was, wird Josef sagen und einen Moment lang zu sägen aufhören, setz doch dem Buben keine Flausen in den Kopf!

Ich sage ja nur, was wahr ist, wird Miriam sagen.

Nichtwahr, wird der kleine Jesus weiterfragen, die drei weisen Männer haben es auch gesehn?

Weise Männer! wird Josef brummen. Sterngucker sind das gewesen! Verrückte!

Sag das nicht, wird Miriam sagen, sie haben ihn immerhin gesegnet.

Ich wollte, wird Josef lachen, ein bisschen bitter, sie hätten wirklich die Geschenke gebracht, von denen die Leute erzählen. Naja, auf Weihrauch und Myrrhe hätte ich für meinen Teil ganz gern verzichtet. Aber das Gold, das hätten wir brauchen können.

Nimm ihn nicht ernst, wird Miriam lächeln, er meint es nicht bös.

War da wirklich ein Stern? wird der kleine Jesus fragen.

Ja, wird Miriam sagen, ein Stern war da wirklich – die weisen Männer haben gesagt, das war ein Phänomen, aber von solchen Dingen weiß ich nichts. Ich kann dir nur sagen: es war der hellste Stern, den ich mein Lebtag gesehen hab.

Der Tölpel

Max Bolliger

Unter den Hirten auf dem Feld in Betlehem war auch ein Einfältiger. Er wurde von den anderen nur Tölpel genannt.

Als eines Nachts der Engel des Herrn erschien, um ihnen die Geburt Christi anzukündigen, begriff der Tölpel seine Worte nicht. Aber überwältigt von dem Glanz, der von dem Engel ausging, fiel auch er, im Innersten erschrocken, auf die Knie.

Und als die andern, wie der Engel es ihnen gesagt hatte, sich aufmachten, das Kind zu finden, wollte auch er mit ihnen gehen. Aber die Hirten schämten sich seiner, denn sein Gewand war zerrissen, sein Bart struppig und der Ausdruck seines Gesichts blöd.

Bleib du hier bei den Schafen und beim Feuer, sagten sie. Das Kind, das wir suchen, ist kein gewöhnliches Kind. Einen Tölpel, wie du einer bist, kann es nicht brauchen.

Doch der Tölpel ließ sich von ihren Worten nicht einschüchtern. Er lief ihnen nach, auch wenn er Mühe hatte zu folgen. Was willst du ihm denn schenken, spotteten sie.

Da sah der Tölpel erst, dass sie alle beladen waren mit Milch und Honig, mit Wolle von Schafen, mit Käse und Brot.

Daran hatte er nicht gedacht. Er wurde sehr betrübt. Aber auf einmal heiterte sich seine Miene auf, und er rief voller Stolz: Ich könnte die Fliegen von seinem Gesicht verscheuchen.

Was glaubst du eigentlich!, riefen die andern zurück. Dazu sind die Engel da!

Der Tölpel wurde sehr traurig. Aber auf einmal heiterte sich seine Miene auf, und er rief voller Stolz: Ich könnte seine Füße reiben, um es zu wärmen.

Was glaubst du eigentlich!, riefen die andern zurück. Dazu sind die Engel da!

Der Tölpel fing an zu weinen. Aber auf einmal heiterte sich seine Miene zum dritten Mal auf, und er rief voller Stolz: Ich könnte ihm ein Lied singen, damit es Schlaf findet!

Was glaubst du eigentlich!, riefen die andern zurück. Dazu sind die Engel da!

Der Tölpel war nun sehr betrübt und weinte vor Hilflosigkeit. Aber er gab nicht auf. Er wollte den König und die Engel, die von seinem Gesicht die Fliegen verscheuchten, die seine Füße rieben und ihm ein Lied sangen, wenigsten von weitem sehen.

Endlich standen die Hirten vor dem Stall, und sie fanden das Kind in einer Krippe liegen, arm und bloß.

Maria und Josef hatten mit den vielen Gästen alle Hände voll zu tun, denn nicht nur die Hirten, sondern auch die drei Könige hatten den Weg zur Krippe gefunden.

Ach, seufzte Maria, wenn ich nur jemanden hätte, der dem Kind die Fliegen verscheucht, der ihm die Füße reibt und ihm ein Schlaflied singt!

Da trat der Tölpel näher. Und als er weit und breit keine Engel sah, da wischte er seine Tränen ab, lachte vor Freude und kniete vor der Krippe nieder. Er verscheuchte die Fliegen. Er rieb dem Kind die Füße, um es zu wärmen, und sang ihm ein Lied, bis es einschlief.

Maria und Josef und die drei Könige staunten. Die Hirten aber schämten sich und nahmen ihn auf dem Heimweg in ihre Mitte.

Josefs Geschichte

Ylva Eggehorn

Das erste Bild, das ich von der „Heiligen Familie" sah, das heißt von Josef, Maria und dem Jesuskind, befand sich auf einem Lesezeichen. Es war ein richtiger Klassiker mit Stall, Ochse, Esel, Hirten, Schafen, den drei weisen Männern und einem Stern am Dachfirst, darüber ein Spruchband, auf dem stand auf Latein *Soli Deo Gloria* („Allein Gott zur Ehre"), unter den stilisierten Strahlen des Weihnachtssterns. Als ob Latein das Selbstverständlichste der Welt im schwedischen Wohlfahrtsstaat gewesen wäre! Als ob Banderolen mit Engeln und Sternen genau das waren, was man in Schweden über jedem Stall irgendwo draußen auf dem Lande erwartet hätte! Wir saßen auf dem Schulhof mitten im Triumph der Hygiene, des Nutzens und der Vernunft, in einem der südlichen Vororte Stockholms in den 1950er-Jahren, und waren entzückt über die Ästhetik des 18. Jahrhunderts mit ihrem schwachen Duft von Barock. Selbstverständlich würde man niemals so einen Schatz eintauschen! Es herrschte eine ziemlich strikte Ordnung auf dem Bild zwischen den wichtigen und den weniger wichtigen Personen.

Im Zentrum lag natürlich das Jesuskind in der Krippe mit einem perfekt angepassten Heiligenschein um sein Haupt, wie eine gelbe Mütze. Neben dem Kind kniete Maria in ihrem blauen Kleid. Josef stand in der Nähe, und seine Rolle bestand darin, verblüfft auszusehen. Im Übrigen blieb er passiv und im Hintergrund. Man erwartete natürlich, dass er angesichts des Kindes ehrfurchtsvoll auftrat und für Maria als Beschützer, aber es waren die Mutter und das Kind, die gemeinsam sowohl die einfachen Hirten empfingen als auch die vornehmen Männer aus dem Ausland (vermutlich aus dem heutigen Irak), die Sache schien klar.

Josef war ja nicht „der richtige Vater“. Er hatte in dem Drama eine Rolle aus zweiter Hand zugeteilt bekommen. Dass genau diese Darstellung (die ja auf der biblischen Erzählung beruht) viel später ein Grund war für die bürgerliche Vorstellung der patriarchalischen Kernfamilie, ist fast als Mirakel zu bezeichnen. Die Erzählung, wie Josef seine Vaterschaft wählt, kann kaum gründlicher von der Norm abweichen. Wir haben es hier mit einer unverheirateten Frau zu tun, die ihr Kind zwischen Tieren in einem Stall zur Welt bringt, die internationale Beachtung findet, die definitiv ihren künftigen Mann in den Schatten stellt, aber gleichzeitig von ihm verlangt (wenigstens scheint die Situation es zu erfordern), dass er antreten und sie und das Kind versorgen soll. Bald sind alle drei Flüchtlinge, die versuchen, politischen Todesdrohungen zu entkommen. Die Erzählung bedient keine Fantasien von einem geschützten Idyll, der Vater auf der Arbeit, die Mutter am Herd, gemütliche Abende auf dem Sofa mit Kaffeetablett auf dem Tisch und Glückwünschen für das Kind von Verwandten und Freunden.

Es hat lange gedauert, fast die ganze Kirchengeschichte geschah in dieser Richtung kaum etwas, bis die Aufmerksamkeit auch auf Josef gerichtet wurde und auf seinen Platz in den Erzählungen der Evangelien von der Geburt Jesu. „Mit der Geburt Jesu Christi verhielt es sich so: Seine Mutter, Maria, war verlobt mit Josef, aber bevor sie begonnen hatten zusammenzuleben, zeigte es sich, dass sie schwanger war durch den Heiligen Geist. Ihr Mann Josef, der gerecht war und keine Schande über sie bringen wollte, überlegte, sich von ihr stillschweigend zu trennen. Aber als er sich dazu entschlossen hatte, offenbarte sich ihm ein Engel des Herrn in einem Traum“ (Matthäus 1,18–20).

Wir erfahren, dass er Zimmermann ist und in einem Dorf im nördlichen Teil des Landes lebt, in Nazaret in Galiläa. Er ist mit Maria verlobt. Verlobung bedeutete in dieser

Zeit, dass man noch nicht verheiratet war, nicht zusammenlebte und keinen sexuellen Kontakt hatte, aber dass die Ehe beschlossene Sache war und man die Hochzeit vorbereitete.

Als Josefs junge Verlobte, Maria, zu ihm kommt und von ihrer Schwangerschaft erzählt, ist das sicherlich sehr schmerzhaft für ihn („Wenn ich nicht der Vater bin, wer hat dann mit ihr geschlafen?") und zutiefst beunruhigend. Das Gesetz gebietet, dass eine untreue Frau bestraft und aus der öffentlichen Gemeinschaft ausgestoßen wird. Würde ihr wider Erwarten die Flucht gelingen oder würde sie die Steinigung überleben, dann hätte sie nur die Aussicht auf ein Leben im Elend. Sie und ihre Familie wären für den Rest ihres Lebens gezeichnet durch Scham. Sie hätte keine Chance, jemand anderen zu heiraten. Eine Verlobung aufzukündigen ist eine öffentliche Handlung, ähnlich wie ein Gerichtsverfahren. Josef hätte das Recht auf Schadensersatz, und Maria wäre fortan rechtlos, nachdem sie Josef und ihre eigene Familie so bloßgestellt hätte. Eine öffentliche Trennung wäre eine Katastrophe für Maria, ihre Zukunft wäre zerstört, vielleicht sogar ihr Leben.

Vielleicht stutzen wir an dem Punkt der Erzählung, als es heißt, dass Josef „gerecht war" (Matthäus 1,19) – und das, obwohl er gleich nachdem er von ihrer Schwangerschaft gehört hat, Maria verlassen will. Doch die Pointe ist, dass er sich still und heimlich von ihr trennen will, um Maria vor der Verachtung durch ihre Mitmenschen zu schützen. Er versucht sie vor dem Spießrutenlaufen in der Öffentlichkeit zu bewahren. In seinem ersten Impuls geht es nicht um seinen eigenen Zorn oder Schmerz, nicht um (berechtigte?) Verletzung seines männlichen Selbstwertgefühls. Er denkt an sie, will sie retten und ihr zur Seite stehen.

In der folgenden Nacht hat Josef einen Traum. Es handelt sich um eine „Verkündigung", ähnlich wie jene, als der Engel Gabriel ausgesandt wird, um Maria zu berichten, dass sie ein Kind bekommen wird, ohne mit einem Mann zusammen gewesen zu sein, dass sie den Messias gebären wird, Gottes Sohn, den Erlöser. Jetzt spricht im Traum ein Engel zu Josef, und er erfährt, dass der eigentümliche Engelbesuch, von dem Maria ihm erzählt hat, der Wahrheit entspricht, wie unglaublich sich das auch anhört. Und Josef verzichtet auf die geplante Trennung und entscheidet sich für die Vaterschaft. Was kostet es einen Mann in einer patriarchalischen Gesellschaft, einen solchen Beschluss zu fassen? Das Risiko einzugehen, betrogen zu werden? Zum Gelächter der Mitmenschen zu werden, weil er sich so dumm angestellt hat? Zu wissen, dass er in dieser Familie niemals die Hauptrolle spielen wird? Wie viele Männer könnten das ertragen?

Von nun an muss er damit rechnen, dass in seinem Dorf hinter seinem Rücken über ihn geredet wird. Betrogene Ehemänner wurden damals als Esel bezeichnet, und daran hat sich bis heute wohl nur wenig geändert. „Wenn er doch wenigstens sagen könnte, was Sache ist und dass er Maria ihren Seitensprung verziehen hat; aber zu behaupten, das sei ein göttliches Geschehen: Das ist einfach zu viel!"

Es gibt keine Josefzitate in der Bibel – aus dem einfachen Grund, dass er nicht besonders viel redet. Stattdessen tut er etwas. Josef fasst in der neuen Situation einen Beschluss. Die erste religiöse Pflicht des Vaters bestand in der damaligen Zeit darin, dem Kind einen Namen zu geben und dann, vier Tage nach der Geburt, dafür zu sorgen, dass das Kind in den Tempel gebracht wird. Schon das ist ein Sicherheitsrisiko. Dann, nach einem neuen Traum, beschließt er, mit der Familie das Land zu verlassen und nach Ägypten zu flüchten, bis sich die politische Situation verändert hat. Josef hat vier wichtige Träume, und er hört auf sie – auf sein Inneres.

Die Flucht nach Ägypten

Felix Timmermans

Der Engel, der ungesehen über der Heiligen Familie wachte, war eingeschlafen. Dagegen ist niemand geschützt, sei er nun Nachtwächter, Apostel oder Engel. Zudem war gestern ein schwerer Tag gewesen mit dem Besuch dieser drei Könige.

Aber mitten in der Nacht krachte ein Balken des Stalles so laut, daß er aufwachte. „Hilf, hilf! Engel, hilf!"

Welch ein fürchterlicher Geruch! Ein Gestank! Der Engel griff nach seinem Nothorn, um die Engel dort oben herunterzurufen, – aber es war nicht nötig, nein, es war nicht der Teufel. Der Engel hob die Faust vors rechte Auge und blickte durch die schmale Höhlung in die Ferne.

Ach so! Es waren die ekelhaften Gedanken des Königs Herodes. Sie entströmten seinem dicken Kopf wie der Dampf einem brodelnden Kessel. Den Engel überlief es kalt vor Schrecken und Entsetzen, und er fächelte sofort mit seinen Flügeln, um den Gestank zu vertreiben. Aber Sankt Joseph mußte gewarnt werden! Der Engel rieb sich den Schlaf aus den Augen, schüttelte seine goldenen Haarlocken, holte aus seiner Reisetasche ein silbernes Meßgewand hervor, hängte es um, nahm eine himmlische Haltung ein und erschien so in Sankt Josephs Traum. Denn Sankt Joseph war ein gerechter Mann, für den selbst die Engel ihren Sonntagsstaat anlegen.

Sankt Joseph schlief fest und ruhig in der wohligen Wärme seines weißen Bartes. Sein Herz war noch erfüllt von Freude und Glanz wegen der Ehre und der Geschenke, die die drei Könige dem Jesuskind dargebracht hatten. Aber was sollte ein armer Mann mit dem vielen Gold anfangen? Er hatte es dem Pfarrer von Bethlehem bringen lassen. Und mitten in diesem von Gold und Ehre durchsponnenen Traum blitzte plötzlich der silberne Engel hervor und sprach mit einer Orgelstimme: Fliehe, fliehe! König Herodes will morgen das Kindlein, unseren Herrn, töten lassen …"

Sankt Joseph wachte auf. Es war dunkle Nacht. „Es ist nur ein Traum!", sagte der Schlaf und versuchte, ihm die Augen wieder fest zu schließen. Aber Sankt Joseph wußte aus Erfahrung, daß man einen Traum nicht unbeachtet lassen darf. Er hielt die Augen hartnäckig offen, erhob sich und zündete die Laterne an. Es ging um das Kindlein! Er mußte sich beeilen, aber dennoch sehr vorsichtig zu Werke gehen, denn das Jesuskind und seine Mutter waren zarte Wesen.

Die Laterne spendete Licht, ein gewöhnliches, spärliches Laternenlicht, aber, als sie bemerkte, daß Sankt Joseph mit ihr zu Maria ging, dehnte sie ihre Flamme weit aus, vor Ehrfurcht und Neugierde, denn sie hatte die Gottesmutter nur einmal sehen dürfen, zu Weihnachten … Maria lag auf einem Strohbündel mit dem Kindlein im Arm. Das Stroh umarmte sie zärtlich. Sankt Joseph ging vorsichtig auf den Fußspitzen zu Maria, um sie zu wecken, berührte sie schüchtern mit dem Zeigefinger an der Schulter und flüsterte leise: „Maria."

„Davon wird niemand wach", dachte die Nacht. Aber Maria war wie ein kristallner Römer: Sobald man daran tippt, gibt er einen schönen Ton.

„Was gibt es, Joseph?", fragte Maria.

Ihre großen Augen glänzten wie zwei Wunder in ihrem schmalen, blassen Gesicht.

Staunend blickte die Laterne sie an und vergaß, sich aufzublähen. Auch Frau Nacht, im schwarzen Samtmantel, bewegte vor Staunen keinen Stern ihres Gewandes, als sie diese Augen, so erfüllt von Seele und Himmel, offen sah. Denn gewöhnlich sah sie Maria nur im Schlaf, mit geschlossenen Augen.

„Hör mal, du Knirps", sagte die Nacht verächtlich zur Laterne, „sei nur nicht so geizig mit deinem Öl, damit ich Unsere Liebe Frau besser sehen kann!"

„Hört mal, feine Madam", erwiderte die Laterne ein wenig verärgert, „holt Ihr doch Euren Blechdeckel hervor!"

Doch es war ja der Nacht nur an bestimmten Tagen erlaubt, den silbernen Mond zu zeigen. Jetzt aber schob sie, um besser zu sehen, ihren Mantel beiseite, und siehe, der Himmel stand voller Sterne, die wie Diamanten funkelten. Das Gesicht Unserer Lieben Frau war hell erleuchtet.

„Seht nur, wie viel Licht ich spende!", sagte die Laterne stolz. Aber die Nacht war so in Ehrfurcht versunken, daß sie es nicht hörte.

„Wir müssen fliehen", sagte Sankt Joseph … „Der Engel ist mir im Traum erschienen … König Herodes will das Kindlein töten!"

Die großen Augen wurden noch größer vor Angst, und dann schlossen sie sich, während das blasse Gesicht Marias sich voll Demut neigte.

Der kleine Stall krachte in allen Fugen vor Schreck und Schmerz. Er war ganz fassungslos und wie versteinert. Entsetzt mußte er zusehen, wie Sankt Joseph Maria beim Aufstehen half, wie er sein Werkzeug zusammensuchte, das Bündel schnürte, sich noch einmal vorsorglich nach allen Seiten umguckte und wie sie dann zusammen hinausgingen, begleitet von der Laterne und der Sternennacht.

Mit einem leisen Krachen brach der Stall vor Schmerz zusammen.

Es herrschte gerade die richtige Dunkelheit zur Flucht. Die Laterne beleuchtete ein kurzes Stück des Weges, zeigte die Pfützen, ließ die Steine erkennen, über die man stolpern könnte, und die Nacht wies mit ihren Sternen die Richtung des Nordens.

Dennoch war Maria ängstlich und sprach: „Ach, Joseph,

wäre es nur erst Tag!“ So ist ein Mutterherz, es möchte stets voll Ungeduld der Zeit vorauseilen.

„Einen Augenblick!“, sagte der Hahn des Bauernhofes, an dem sie gerade vorbeigingen, und ließ einen gewaltigen Weckruf erschallen, – so laut hatte er sein Lebtag noch nie gekräht.

„Bist du verrückt!“, rief die stolze Nacht. „Ich habe meine Wanderung noch lange nicht beendet!“

Aber der Hahn antwortete ihr so selbstbewußt, als wäre er dieser vornehmen Dame in jeder Weise ebenbürtig: „Unser Herrgott soll wohl dir zuliebe in den Straßengraben geraten?“ Er warf sich von neuem in die Brust, schloß die Augen, um zum zweiten Male zu krähen, aber es war nicht mehr nötig. Der dunkle Osten barst plötzlich auseinander, so daß das Gold in Funken und Fetzen über den Himmel sprühte, und keuchend vor Müdigkeit kam die Sonne herauf, das Land zu beleuchten. Sie war ganz außer Atem, denn sie hatte zwei große Länder überspringen müssen, die nun im Dunkeln blieben. Es war keine leichte Aufgabe gewesen, fast ebenso schwer wie damals, als sie auf Befehl Josuas am Himmel stehen bleiben mußte. Aber das machte alles nichts, wenn nur unserem Herrgott damit gedient war!

Unter den Menschen jedoch entstand eine große Verwirrung.

„Was soll das heißen?“, sagte der Bauer vom Brakenhof; an seiner Wanduhr war es erst drei Uhr und schon taghell, noch dazu im Februar! Natürlich war die Uhr schuld, war schlecht aufgezogen. Er stand auf und fing an zu arbeiten.

Nachtschwärmer in der Stadt, die noch vergnügt beim Bier zusammenhockten, erschraken, daß die Nacht so schnell vergangen war, und zankten sich mit der Wirtin, weil sie die Zeiger der Uhr zurückgedreht hätte.

Kaufleute, die um sieben Uhr abreisen wollten und den Wecker auf sechs gestellt hatten, wurden plötzlich wach vom

Licht, sprangen hastig aus dem Bett und rannten ohne Frühstück zur Postkutsche. Die Postkutsche war noch da. „Ich muß wohl vergessen haben, meine Uhr aufzuziehen", meinte der Postillon.

Überall herrschte ein richtiges Durcheinander, aber kein Mensch dachte daran, der Sonne die Schuld zu geben. Schuld waren nur die Uhren.

Auch bei König Herodes stand alles Kopf. Zunächst wurde der königliche Uhrenaufseher seines Amtes enthoben. Dieser Kerl steckte gewiß mit den falschen drei Königen unter einer Decke. Der Hauptmann bezog einen tüchtigen Rüffel, weil er nicht schon bei Nacht und Nebel nach Bethlehem aufgebrochen war, um den furchtbaren Kindermord durchzuführen. Endlich machte sich die Truppe auf den Weg. Das Dorf wurde von allen Seiten umzingelt, und auf ein Trompetenzeichen stürmten die Soldaten wie Wölfe in die Häuser, wo sie alle kleinen Kinder den Armen ihrer Mütter entrissen und mit Dolchen und Schwertern töteten.

„Jetzt noch diesen kleinen Stall da drüben!", rief der Hauptmann. Aber wie erschrak er, als sie dort anlangten, denn das Gebäude war völlig in sich zusammengesunken, und ein Bauer aus der Nachbarschaft sagte: „Die Leute werden wohl geflohen sein. Hier sind gestern die drei Könige aus dem Morgenland eingekehrt, um ein Kind anzubeten!"

Der Hauptmann war außer sich vor Wut und rief: „Dann war dieses Kind der neue König, den wir töten sollten! Auf, auf! Wir wollen sie verfolgen!"

Ein schlauer Offizier zeigte ihm auf dem weichen Erdboden die Fußstapfen Marias und Josephs.

„Dieser Spur wollen wir folgen! In einer Stunde sind sie in unserer Hand. Wir bringen den neuen König lebend zu Herodes, damit er ihm mit eigener Hand den Hals umdrehen kann!"

Die Pferde sausten von dannen, immer den verräterischen Fußspuren nach.

Man darf nun nicht vergessen, daß der Schutzengel unsichtbar die Heilige Familie begleitete. Dieser Engel kümmerte sich um Wind und Licht, gab auf die Wolken acht und blickte ab und zu durch die hohle Faust in die Ferne, um jede Gefahr sofort zu entdecken.

Von der Laterne ist weiter nichts zu berichten, als daß sie vor Scham erlosch, sobald sie das strahlende Haupt der Sonne gesehen hatte, und die Nacht zog schnell ihren schwarzen Mantel aus, so daß man sie nicht mehr sehen konnte.

Lichtspruch

Das Licht der Herrlichkeit
scheint mitten in der Nacht.
Wer kann es sehn? Ein Herz,
das Augen hat und wacht.

Angelus Silesius

Eine andere Weihnachtsgeschichte

Andrea Schwarz

Im Himmel herrschte knisternde Spannung. Die Engel, sonst in der Regel mit durchaus gesetztem Ernst, gelegentlich auch ungezwungen fröhlich, ab und an untereinander streitend, schlichen nur noch auf Zehenspitzen über den Wolken einher (das war eigentlich völlig unnötig, denn die Wolken waren so weich, dass sie eh jeden Schritt ins Unhörbare dämpften). Sie wagten kaum noch ein lautes Wort zu sagen, schauten sich beim Vorübereilen bedeutungsvoll an und nickten sich zu, nach dem Motto: „Ja, jetzt ist es bald soweit!"

Es war eine Spannung, die man vielleicht mit der vergleichen kann, wenn man das erste Mal in seinem Leben einen Käsekuchen backt und einen stundenlang die Frage beschäftigt, ob er in sich zusammenfällt oder nicht – und ähnlich der Unruhe, die der Hobbyheimwerker kennt, der den Rasenmäher in alle Einzelteile zerlegt und wieder zusammengesetzt hat und sich bang vor dem Moment fürchtet, wenn er ihn das erste Mal wieder startet.

Ja, eine solche Spannung hatte die Engel befallen und schlimmer noch. Und sie hatten, weiß Gott, Grund genug dazu. Gottvater nämlich hatte vor einiger Zeit entschieden, es wäre nun wirklich höchste Zeit, seinen Sohn als Botschafter des göttlichen Willens auf die Erde zu schicken, damit die Menschen endlich Frieden halten untereinander. Die Augen sollten ihnen dafür geöffnet werden, was es heißt, menschlich zu leben, ihr Leben an der Liebe auszurichten und nicht an Reichtum und Macht.

Eine gute Idee, meinten die Himmelsbewohner übereinstimmend (bis auf einige wenige, die maulend in der Ecke standen, voller Überzeugung, jeder Versuch, den Menschen so was nahezubringen, sei sowieso von vornherein zum Scheitern verurteilt). Nun also stand dieser große Moment praktisch vor der Tür.

Vor knapp neun Monaten waren die Engel auf die Erde gereist und hatten dort Maria verkündet, dass sie die Auserwählte sei. Es hatte dann noch ein wenig Schwierigkeiten mit ihrem Verlobten gegeben (musste sich Gott auch gerade eine unverheiratete Frau ausersehen? Einige Engel konnten das Kritisieren eben nicht lassen), aber das hatte man schließlich in den Griff bekommen.

Der Geburt Gottes als Mensch konnte man also nun demnächst entgegensehen.

Die Augen der Engel richteten sich immer öfter und immer häufiger auf das Stück Erde, wo das große Ereignis stattfinden sollte. Maria hatten sie in der letzten Zeit ein wenig aus dem Auge verloren, aber das würde schon alles seinen Lauf nehmen. Die ersten Engel waren schon unterwegs, um rechtzeitig zur Stelle zu sein, wenn der Gottessohn das Licht der Welt erblickte.

Auf den ausdrücklichen Wunsch von Gottvater waren keine kirchlichen Würdenträger informiert worden. Sein Sohn sollte nicht in einem Tempel, an fürstlichem Hof aufwachsen, sondern leben und zur Welt kommen, wie die meisten Menschen in diesem Land lebten und zur Welt kamen. Ihnen sollte sein Sohn die Botschaft Gottes bringen, die Botschaft der befreienden Liebe Gottes für die Menschen. Die Tage vergingen, der große Augenblick rückte näher – nichts geschah. Die Spannung der Engel wuchs ins Unerträgliche; die Engel, die für den Erdenauftrag abgeordnet waren, flogen immer nervöser hin und her.

Schließlich, als sich nach einer Woche immer noch nichts getan hatte, fing das Wispern, das Flüstern an. Die Engel steckten die Köpfe zusammen, Fragen wurden laut, Verunsicherung machte sich breit. Die Erdengel schickten verwirrt einen Abgeordneten in den Himmel zurück mit der Frage, was zu tun sei.

Erste Gerüchte kamen in Umlauf: Die Erdengel hätten nicht genau genug beobachtet – sagten die Himmelsengel; der Verkündigungsengel habe seinen Auftrag nicht ordentlich erfüllt – sagten die Erdengel. Man kennt das ja, dieses Hin und Her. Aber ereignen tat sich nichts … Tage, Wochen vergingen …

… bis eines Tages plötzlich ein atemloser Engel in den Himmel gerast kam, die Flügel zerzaust vom raschen Flug, die Backen gerötet vom Flugwind. Man hatte Maria entdeckt, die gemütlich in ihrer guten Stube saß, strickend. Kein Kleinkind um sie herum war zu sehen, keine Windeln hingen auf der Leine, und Maria selbst zeigte keinerlei Anzeichen einer Schwangerschaft.

Ratlosigkeit breitete sich aus. Natürlich schickte man noch einen wirklich zuverlässigen Engel hinunter, um diese Geschichte nachzuprüfen – aber man ahnte schon, dass sie stimmen würde. Jesus war nicht zur Welt gekommen, wenigstens nicht da, wo er sollte. Wo aber war er?

In ihrer Ratlosigkeit schickten die Engel eine Abordnung zu Gottvater. Dies wagten sie äußerst selten, so groß war ihre Ehrfurcht. Aber sie wussten sich nicht mehr zu helfen – ob er Rat wüsste? Mit hängenden Köpfen und langen Gesichtern kamen die Engel zurück. Die Wohnungstür, die sonst immer einladend offenstand, war zugesperrt, ein Schild an der Klinke: Vorübergehend außer Haus – Gottvater.

Von Gott war also derzeit keine Hilfe zu erwarten, man musste wohl oder übel selbst zur Tat schreiten.

Wo ist Gottsohn – das schien wohl die Kernfrage des Problems zu sein. Irgendwo musste er doch sein! Und so fing generalstabsmäßig das große Suchen an. Ein Engel hatte die hervorragende Idee, die Erde in Längen- und Breitengrade einzuteilen, um so je einer Engelsgruppe ihr Suchgebiet besser zuweisen zu können, denn die Erde als Ganzes war ja doch ein wenig unhandlich.

Und so suchten die Engel landauf, landab – sie schauten in die römischen Tempel und die Hütten der chinesischen Landarbeiter, sie kamen in das indianische Pueblo und den zentralafrikanischen Kral, suchten bei den Kelten in Irland und bei den Griechen in Sparta. Sie lernten dabei den Himalaja und die Anden kennen, Grönland und die Philippinen, waren am Baikalsee und am Titicaca-See … und dabei erfuhren sie vieles über das menschliche Leben, was sie nicht gewusst hatten, sie sahen Armut und Elend, Not und Kriege, Hunger und Sklaverei … nicht die Liebe regierte die Welt, sondern Hass und Neid.

Die Botschaft Gottes wäre so notwendig in dieser Welt gewesen! Und selbst die dickköpfigsten Engel sahen jetzt ein, dass Gottvater recht hatte, als er darauf bestand, dass sein Sohn nicht in einem Tempel, nicht bei einem König zur Welt kommen sollte. Die Menschen in ihrer Armut brauchten die Botschaft. Die Engel suchten … immer kleiner wurden die Dörfer, immer ärmer die Bewohner der Hütten … Gottes Sohn aber wurde nicht gefunden.

Im Jahre 5 der Zeitrechnung nach der vermeintlichen Geburt des Sohnes Gottes trafen sich die Engel erstmals wieder vollzählig im Großen Himmelssaal. Eine Himmelskonferenz war einberufen worden. Resigniert waren sie ob der erfolglosen Suche, ratlos – und betroffen von dem, was sie auf der Erde gesehen hatten.

Gottes Botschaft war nicht angekommen. Macht und Hass regierten die Welt. Was aber war nun die Aufgabe der Engel? Nur im Himmel hin- und herfliegen, auf Wolken herumsitzen, brachte wenig Sinn … nach vielem Gerede wurde es still … bis ein Engel schließlich zornig sagte: „Also, mir reicht das Geschwätz. Ich kann das Elend da unten auf der Erde nicht länger ansehen. Wenn Gottes Sohn verlorengegangen ist, dann müssen wir es eben selbst machen. Ich jedenfalls schau nicht länger zu." – Sprach's, packte ein Stück Himmel ein und flog zur Erde, zurück zur Atlantikküste, wo er vor einigen Tagen die große Sturmflut miterlebt hatte.

Dort ist das Stück Himmel sicher besser am Platz, dachte er, und seine beiden Hände würden genug zu arbeiten, aufzubauen und zu trösten haben.

Sein beherztes Beispiel setzte Zeichen – nach kurzer Zeit der Betroffenheit sahen sich die Engel an, und jedem von ihnen kam die Erdensituation ins Bewusstsein, die er verlassen hatte, als man die Himmelskonferenz einberief. „Reden allein bringt uns nicht weiter", rief ein anderer Engel, packte sich eine Wolke ein und verschwand – und noch einer und noch einer …

Schließlich saßen nur noch zwei oder drei schlechtgelaunte Engel auf einer kleinen Wolke, die ihnen verblieben war, und starrten sich missmutig und unzufrieden an. Sie konnten sich nicht entschließen, dem Beispiel der anderen zu folgen. Sie hassten es, wenn ihr weißes Kleid dreckig wurde, die Fingernägel abbrachen.

Die anderen Engel aber landeten auf der Erde, überall dort, wo Not am Mann war, und packten ein Stück Himmel aus. Sie griffen zu, wo es notwendig war, trösteten, wo Trauer war, hörten zu, wenn zugehört werden sollte, teilten ihr Brot, wenn jemand Hunger hatte, hatten Zeit, wenn jemand Zeit brauchte, und kämpften für Gerechtigkeit, wo Ungerechtigkeit herrschte.

Und da, wo sie waren, wurde das Dunkel ein wenig heller, in der Kälte brannte ein Feuer, waren Einsame nicht mehr allein.

Seit dieser Zeit ist Weihnachten nicht mehr nur ein Tag von 365 Tagen, seitdem wird Gott nicht nur in einem Menschen Mensch – seitdem geschieht Weihnachten überall und jederzeit dort, wo ein Stück Himmel auf Erden aufblitzt, die Liebe die Oberhand gewinnt, Menschen die kleine und große Not des Menschen sehen und handeln. Gott wird Mensch – jeden Tag und jederzeit. Und jeder Mensch ist gefragt, in einem solchen Sinne dem anderen Menschen Mensch zu sein.

Sie wollen noch wissen, was aus den drei missmutigen Engeln auf der verbliebenen Wolke geworden ist? Ich will's Ihnen verraten: Sie haben sich zerstritten, hoffnungslos – jeder sitzt auf seiner Wolkenseite, verteidigt sein Revier bedingungslos, starrt einsam-arrogant in die Weite des Alls – und wenn man genau hinschaut, wachsen ihnen kleine Hörner aus dem Kopf heraus.

Und was denn nun mit Gottes Sohn wirklich war, wollen Sie wissen? Sie sind auch gar nicht neugierig, wie? Jesus ist grade sechs geworden, lebt mit elf Geschwistern in einem kleinen Andendorf, formt kleine Täubchen aus Lehm – und ab und an, wenn er mal wieder einem seiner Engel begegnet, ohne dass er ihn erkennt, schmunzelt er zufrieden in sich hinein.

5

Der Weihnachtsstern

Ein Kind geborn zu Betlehem

Ein Kind, geborn zu Betlehem;
des freuet sich Jerusalem.
Halleluja, halleluja.

Hier liegt es in dem Krippelein,
ohn' Ende ist die Herrschaft sein.
Halleluja, halleluja.

Die König' aus Saba kamen her,
Gold, Weihrauch, Myrrhe brachten sie dar.
Halleluja, halleluja.

Sie gingen in das Haus hinein
und grüßten das Kind und die Mutter sein.
Halleluja, halleluja.

Sie fielen nieder auf ihre Knie
und sprachen: „Gott und Mensch ist hie."
Halleluja, halleluja.

Für solche gnadenreiche Zeit
sei Gott gelobt in Ewigkeit.
Halleluja, halleluja.

Worte von Michael Praetorius
Weise aus dem 17. Jahrhundert

Folge dem Stern

Auf, auf: folge dem Stern
nach Betlehem
und versuche zu fassen,
dass das Wunder der Liebe
immer wieder neu
geboren wird.
Lassen wir uns verzaubern
vom Glanz des weihnachtlichen Lichts
und leben wir die grenzenlose
Liebe Jesu Christi
mit beseeltem Herzen und den
uns zur Verfügung stehenden Möglichkeiten
weit hinaus in die Welt.

Christa Spilling-Nöker

Vom kleinen Stern, der sich verflogen hatte

Andrea Schwarz

Zugegeben – es geschah vor langer Zeit. Und ich habe die Geschichte auch nur gehört. Und ich weiß auch gar nicht, ob sie wahr ist. Aber sie ist schön. Und sie könnte wahr sein. Und das allein reicht mir als Grund, um sie aufzuschreiben.

Es gibt Millionen und Abermillionen von Sternen an unserem Himmel. Und außer Gott kann niemand genau sagen, wie viele es eigentlich sind. Und ich glaube, sogar Gott sollte man einen Tag Zeit geben, um diese Frage zu beantworten. Denn auch Sterne werden geboren und sterben wieder, kommen aus der Unendlichkeit und kehren in die Unendlichkeit zurück – genau wie wir Menschen. Und manchmal braucht auch das himmlische Bürgerbüro ein wenig Zeit, um die Daten korrekt zu erfassen und weiterzugeben,

Ja, es gibt junge und kleine Sterne – und die sind nicht viel anders, als junge und kleine Menschen sind. Sie brauchen viel Liebe, trauen sich manchmal zu viel zu, bezaubern einen irgendwie und können einen zugleich manchmal unsagbar nerven.

Desidorio war solch ein kleiner und junger Stern. Und er bemühte sich redlich, ein guter Stern zu sein und zu werden. Er hörte den großen Sternen zu, er arbeitete die Lernprogramme für junge Sterne gewissenhaft durch, nahm seine Termine wahr – und doch: Wenn im Himmel ein wichtiges Fußballspiel zwischen Engelsstürmern und Sternenfliegern anstand, konnte es schon mal sein, dass er auch einen Termin nicht mehr im Blick hatte.

Es war an einem Abend vor langer, langer Zeit. Da beschloss eine Gruppe von Wolken, sich besonders fein zu machen, sich rot-rosa-lila zu färben und einfach dahinzuschweben. Und sie sangen dabei ganz leise vor sich hin!

Und als Desidorio diese Wolken sah, war er einfach hin und weg. Sie waren so was von schön!

Und in seiner Freude und Aufregung wollte er einfach hinterher, er wollte den Wolken folgen und ihren Farben. Und vor lauter Aufregung verließ er sogar den Platz im Himmel, der ihm zugeteilt worden war – und er segelte mit den Wolken und freute sich und genoss es aus ganzer Seele, freute sich an dem Wind, an Farben und Gesang!

Und er atmete tief durch und liebte das Leben und vergaß ganz, dass er ein Stern war, der eigentlich auf seinem Platz leuchten sollte.

Es kam, wie es kommen musste. Auch das rauschende Fest der Wolken hatte einmal ein Ende. Die rot-rosa-lila Farbe wechselte wieder ins Alltagsgrau, sie hingen schwer und düster am Himmel – und sie sangen auch nicht mehr.

Dem kleinen Stern wurde plötzlich ganz kalt. Er schaute sich um – aber er war allein. Da war kein anderer Stern mehr zu sehen, da gab es keine Farben, keinen Klang mehr.

Er war allein, ganz fürchterlich allein.

Und als unserem kleinen Stern dies bewusst wurde, schluckte er einmal tief – und dann fing er an zu weinen. In seiner Freude an den Wolken hatte er sich auf den Weg gemacht – und da stand er nun, allein und verlassen. Und er hatte ihnen getraut und war mit ihnen gegangen. Und da war er jetzt – allein und verlassen.

Ich hätte es wissen müssen, flüsterte der kleine Stern vor sich hin. Manchmal gaukelt uns das Leben etwas vor, was es nicht einlöst – so wie die Wolken. Aber die Erkenntnis kam für unseren kleinen Stern ein wenig spät – er hatte auf das eine gesetzt und das andere verlassen.

Er weinte bitterlich – und fiel schließlich in einen unruhigen Schlaf.

Irgendwann nachts erwachte er – und als ihm klar wurde, wo er war, nämlich irgendwo im Niemandsland zwischen Himmel und Erde, dass es kein Zuhause für ihn gab, keine Heimat, fing er wieder an zu weinen. Er war in die Irre gegangen – und wusste nicht mehr, wie es weitergehen sollte.

Aber – hatte da nicht jemand gerufen? Er schaute sich um – aber da war so viel Dunkel und ganz viel Stille. Aber wenn er ganz genau hinschaute, war da nicht ein kleines Licht? Wenn er genau hinhörte, gab es da nicht einen leisen Klang? Man könnte ja wenigstens mal nachschauen, was da los ist.

Und so flog ein kleiner, junger Stern, vollkommen verunsichert und vollkommen durcheinander, zu einem Stall nach Betlehem. Und da sagte ein Kind zu ihm: Ich brauch dich! Du musst den Menschen den Weg zu mir weisen – und du sollst die Nacht erhellen.

Und Desidorio suchte sich einen Platz am Himmel und leuchtete vor sich hin. Er schenkte dem Kind in der Krippe sein Licht, er wies den drei Weisen aus dem Morgenland den Weg, er ging mit den Hirten mit.

Der Stern von Betlehem, das ist eigentlich ein ganz kleiner und junger Stern, der sich verlaufen, oder vielleicht richtiger, sich „verflogen“ hat – und der trotzdem dazu auserkoren wurde, über der Krippe und über dem Kind zu leuchten. So erzählt es zumindest diese alte Geschichte.

Wie gesagt, das ist eine alte Geschichte, und ich weiß auch nicht, ob sie wahr ist. Aber ich finde sie schön. Ein kleiner und junger Stern wird zum Wegweiser zum Kind in der Krippe, zu dem Gott, der Mensch wird.

Diesem Stern kann ich gut folgen.

Brich an, du schönes Morgenlicht!

Brich an, du schönes Morgenlicht!
Das ist der alte Morgen nicht,
der täglich wiederkehret.
Es ist ein Leuchten aus der Fern,
es ist ein Schimmer, ist ein Stern,
von dem ich längst gehöret.

Wer ist noch, welcher sorgt und sinnt?
Hier in der Krippe liegt ein Kind
mit lächelnder Gebärde!
Wir grüßen dich, du Sternenheld!
Willkommen. Heiland aller Welt!
Willkommen auf der Erde!

Max von Schenkendorf

Binde dein Leben an deinen Stern

Jörg Zink

Steh auf! Nimm Licht in dich auf!
Vor dir ist ein Licht,
und der Glanz Gottes geht auf über dir.
Denn schau! Finsternis bedeckt die Erde
und Dunkel die Völker,
aber über dir geht Gott auf
und sein Glanz erscheint über dir.
(Jesaja 60,1 f.)

„Binde deinen Karren an einen Stern", hatte Leonardo da Vinci gesagt. Ein paar Männer also wandern oder reiten in der Dunkelheit durch die syrische Wüste unter einem Stern. Es ist seltsam, dass auch in unserer Zeit, die in solchen Geschichten, Legenden, Fantasien Erfindungen erblickt, diese Reise, von der wir so wenig wissen, zu den von Künstlern immer und immer wieder beschworenen Urbildern des wandernden Menschen gehört. Dieses Vertrauen, nach den Zeichen eines Sterns auf der Erde einen Weg zu einem unbekannten Ziel zu suchen, und die Gnade, es tatsächlich zu finden, scheint uns Heutige tief zu berühren, uns, denen nichts so sehr fehlt wie das Vertrauen in unseren Weg, in unsere Ziele oder gar in einen Gott, dass er uns Zeichen gäbe, wohin die Reise zu gehen habe.

Wie sollte ein Naturereignis, noch dazu eines von außerhalb unserer Erde, einen zutreffenden Hinweis enthalten können auf einen Vorgang in der Geschichte des Menschen? Wie sollten die verschiedenen Schichten oder Räume der Natur eine Botschaft füreinander haben? Wie sollte der Sternhimmel zu mir, dem beobachtenden Menschen, reden können? Wie sollten Stern und Erde, Natur und Menschen vom selben Ereignis berührt sein können? Das Erstaunliche ist das Vertrauen der fremden, unbekannten Männer, der Weg, den sie auf der Erde suchen, werde sie an den von den Zeichen am Himmel gemeinten Ort führen, und, was die Sterne sagten, werde sich auf der Erde als wahr erweisen.

Könnte es nicht sein, dass auch uns eine Wirklichkeit zugänglich würde, die wir vergessen und verdrängt haben? Könnte unsere Aufgabe nicht die sein, dass wir uns bisher ausgesparten, verleugneten, vergessenen Wirklichkeiten neu öffnen und es in Kauf nehmen, dass man uns rückständig oder Schlimmeres schilt? Könnte es nicht sein, dass sich ein Weg zeigte, auf dem der neurotische Mangel an Vertrauen, der das Daseinsgefühl der Menschen um uns her bestimmt, ausgefüllt würde und auf dem sich uns eine größere, eine reichere, eine tiefere Wirklichkeit offenbarte als die, die wir kennen, und wir fähig würden, uns ihr mit einem neuen Vertrauen zuzuwenden?

Der Weihnachtsstern

Bruder Paulus Terwitte / Markus C. Leitschuh

Der Weihnachtsstern erinnert an den Stern über Betlehem. Er führte die Weisen aus dem Morgenland zum Stall. Biblisch erwähnt wird er im Matthäusevangelium (2,1–12). Neben Engel und Krippe, später auch neben Kerzen und Tannenbaum, gehört er zum beliebtesten Weihnachtsschmuck – mal aus Stroh, mal modern flackernd als Neonleuchtkette am Kaufhaus.

Wer sich einen Stern in die Wohnung hängt, drückt seine Sehnsucht nach Hinweiszeichen auf Gott aus. Nicht die Sternbilder und deren Deuter in den Horoskopen können das Leben wirklich bewegen: Sinn und Zukunft erhält es aus der Begegnung mit Gott, der die Sterne als Hinweiszeichen auf seine Größe schuf.

Sternenlicht, ganz nah

Franz Kamphaus

Sie hatten seinen Stern gesehen, die drei. Doch das war lange her. Sie hatten seinen Stern gesehen … Der hatte sie vom Stuhl gerissen und aus den Matratzen. Aufbruch im Morgengrauen des Lebens. Sie hatten sich auf den Weg gemacht. Doch den hatten sie sich ganz anders vorgestellt: gradliniger, einfacher, klarer und zielstrebiger, … direkte Luftlinie nach Betlehem, Und nun liegen sie da und schlafen, alle unter einer Decke, damit sie nicht frieren – ohne Heizung …

Sie hatten einen Stern gesehen. Doch das war lange her. Und der eine war müde geworden, und der andere war frustriert, und der Dritte war einfach sauer und wütend zugleich …

Sie hatten einen Stern gesehen. Aber darüber redeten sie schon lange nicht mehr miteinander; es wäre ihnen peinlich gewesen, das Gespräch darüber war versickert. Andere Themen hatten sich aufgedrängt: Wer und was sich alles bei den anderen ändern müsste; wo man wirklich sparen könnte, und was einem alles nicht passt, überhaupt und so.

So kam es, dass sie irgendwann alle drei unter einer Decke steckten auf einer bequemen Matratze … Da kann man's zunächst einmal aushalten. Bitte nicht stören.

Wenn da nicht dieser Engel wäre, der die Schlafenden energisch anstupst. Er zeigt auf den Stern. Entschuldigt, sagt er, wenn ich störe, da war doch noch etwas. Da war doch ein Stern, erinnert euch, der hatte euch nicht in Ruhe gelassen. Der hatte euch vom Stuhl gerissen und aus den Matratzen. Ihr wolltet nicht einfach so weitermachen …

Ja, ja, schon gut, sagt der eine unter der Decke und

macht nicht mal die Augen auf. Stern, Engel – da kann ja jeder kommen. Er dreht sich um und schläft weiter.

Lass mich in Ruhe mit dem Stern, sagt der andere unter der Decke. Ich bin in meinem Leben schon vielen nachgelaufen. Ich habe schon so viele Aufbrüche zusammenbrechen gesehen, von kirchlichen Ordnungen und Instruktionen ausgebremst. Verschone mich mit solchen Sternen. Ich hab meine Decke, basta!

Einer von den dreien hat die Augen aufgemacht. Nicht dass er den Stern noch im Blick hätte. Er schaut in eine ganz andere Richtung. Aber die Augen hat er immerhin aufgeschlagen. Der Engel stupst ihn an: Schau mal, der Stern! Du brauchst bloß den Kopf zu drehen, umzukehren. Ganz nah ist er bei dir, der Stern. – Die drei bleiben liegen …

Mensch Engel, was nun? Was willst du jetzt tun? Ziehst du den dreien die warme Decke weg? Sie werden dich zum Teufel wünschen und sich endgültig in die Ofenecke verkriechen. Mensch Engel, überleg's dir.

Es gab einmal den Tag, da haben wir seinen Stern gesehen. Es gab einmal den Tag, da hat's uns von den Stühlen gerissen und wir sind aufgebrochen. Und schließlich sind wir immer noch dabei, wie auch immer. Mag sein, dass wir uns zur Ruhe gesetzt oder gelegt haben und denken: Sternzeiten, das war einmal, das ist lange her. Aber noch sind – hoffentlich – die Augen offen, und irgendwie, lahm oder angeschlagen, sind wir immer noch auf dem Weg. Innen drin, ganz tief im Herzen ahnen wir vielleicht, dass der Stern uns gar nicht so fern ist. Wenn uns doch nur ein Engel anstupsen würde: Schau her, mach die Augen auf! Kehr dich um! Dein Stern, ganz nah, ganz nah …

Leuchtspur in der Nacht

Christa Spilling-Nöker

In einer der dunkelsten Nächte strahlt am Himmel ein Stern auf, der neue Wege erahnen lässt. Menschen, müde geworden und starr in ihrer alltäglichen Mühsal, werden bewegt, aufzubrechen und der Hoffnung nachzuspüren, die in ihrer Mühe geboren wird. Beschwingt und beflügelt wagen sie, sich auf Neues einzulassen. Es ist, als habe ein Engel sie sanft berührt.

Stern-Zeichen, Leuchtspur in der Nacht, dass Hoffnungsschimmer leise glänzen, wo alle Wege einst verfinstert waren.

Weihnachts-Stern, Zeichen, dass auch deine Seele von einem Lichtstrahl zart berührt, heut' um das große Wunder von versöhntem Leben weiß.

Es gibt Sterne

Wenn nachts die Lichter ausgehen
und der Lärm der Welt verstummt,
dann sehen wir die Sterne,
dann hören wir wieder die Stille.

Es gibt Sterne in der Nacht,
die wir noch nie gesehen haben.

Wenn es noch dunkler wird,
dann fangen sie an zu leuchten.
Hoffnung ist da, ein Ausweg,
denn du siehst weiter.
Du schaust wieder nach oben.

Phil Bosmans

6

Licht für die kommende Zeit

Dem Licht vertrauen

Wenn der Himmel
zur nächtlichen Stunde
seine Lichter am Himmel gebiert
dann vertraue darauf,
dass auch deiner Seele
Wärme geschenkt wird,
Hoffnung und Zuversicht
und eine Freude,
die grenzenlos ist.

Christa Spilling-Nöker

Mit dem Licht von Weihnachten

Margot Käßmann

Als ich das letzte Mal in Bethlehem war, hat mich besonders die Tür zur Geburtskirche beeindruckt. Die Besucherinnen und Besucher müssen sich tief bücken, um durch diese niedrige Tür in die Kirche zu gelangen. Sie ist ein Zeichen dafür, dass wir den Ort, an dem Jesu Geburt verehrt wird, nicht betreten können, wenn wir nicht klein, wenn wir nicht demütig werden. Gott, der Allmächtige, der Schöpfer des Himmels und der Erde, wurde ganz klein, ganz Mensch. Das Neugeborene in der Krippe von Bethlehem wurde zum Retter der Welt, glauben wir.

Gottes Liebe ist so groß, dass sie selbst die Ohnmacht erträgt. Was für ein wunderbares Symbol: Eine kleine Tür öffnet sich und dahinter strahlt uns das Wunder der Geburt des Gotteskindes entgegen.

Nun ist sie vorbei, die Adventszeit, auch die Heilige Nacht. Sie hat die Tür geöffnet zu den zwölf Heiligen Nächten, die nun folgen werden bis zum Epiphaniasfest am 6. Januar. Ob sie nun heidnischen Ursprungs sind, den „Raunächten" entsprechen, der dunklen Jahreszeit geschuldet sind, sei dahingestellt. Wir können diese Tage und Nächte als besondere Zeit wahrnehmen.

„Zwischen den Jahren", das ist für mich eine besondere Zeit. Es sind Tage mit einem anderen Rhythmus. Das alte Jahr in Gottes Hand zurücklegen, Fotos einkleben, abheften, aufräumen, sortieren, nachdenken. Auf das neue Jahr zugehen mit Zutrauen, Hoffnung, Wünschen. Heilige Nächte, weil es Nächte sind, sich zu besinnen, lange Abende, Dunkelheit, in die das Licht der Weihnacht noch hineinleuchtet, bis die Tür sich öffnet zu einem neuen Jahr.

Besser als ein Licht

Aus China

Ich sagte zu dem Engel, der an der Pforte des neuen Jahres stand:

Gib mir ein Licht, damit ich sicheren Fußes der Ungewissheit entgegengehen kann!

Aber er antwortete:

Gehe nur hin in die Dunkelheit und lege deine Hand in die Hand Gottes! Das ist besser als ein Licht und sicherer als ein bekannter Weg!

Licht empfangen

Gottes schöpferische Kraft
segne deine Gedanken,
dass sie befreit werden
aus ihren Sackgassen,
erlöst von der Macht,
dich zu lähmen.
Licht möge dir zuwachsen
taghell,
dass du Neues und Ungewohntes
zu denken wagst.
Raum für das Heilsame,
für das Schöne und Belebende
schenke dir unser Gott.

Antje Sabine Naegeli

Lichter in der Nacht

Lichter in der Nacht, wie das Leben:

Flirrende Heiterkeit
einer glitzernden Großstadt am Meer.

Unter schaukelnden, leuchtenden Lampions sitzen am See
im leisen Pegel ruhiger Gespräche.

Die Sicherheit eines beständigen Blinkens
– ein Leuchtturm im Hafen.

Aus dem nächtlichen Flugzeug die Erde sehen
„übersponnen von Lichtgrüßen".

Zeichen des Lebens und Inseln in einer unendlichen Dunkelheit: Beleuchtete Häuser in einer nächtlichen Landschaft, deren Lichter sich grüßen.

Ein Dichter: „Jedes Haus zündet seinen Stern an
vor der unendlichen Nacht."

Wege weisen

Nicht ich bin der Weg,
aber ich kann
Menschen helfen,
ihren Weg zu finden.

Nicht ich bin das Leben,
aber ich kann
anderen Türen
zum Leben öffnen.

Nicht ich bin die Hoffnung,
aber ich kann
anderen helfen,
Hoffnung zu schöpfen.

Nicht ich bin die Wahrheit,
aber es ist mir gegeben,
zu einem Spiegel
der Wahrheit zu werden.

Corinna Mühlstedt

Du legst dein Licht in allen Farben

Du legst dein Licht in allen Farben
um meine weiße Einsamkeit.
Ich fühle sie an meinen Narben
wie Balsam einer leichten Zeit.

Die Rosen starben meinem Leben,
das sich verschloß vor jeder Hand.
Da kommt dein reines, reiches Geben
in mein verschollnes Trauerland.

Du krönst mein Leid mit Sterndemanten,
und Sonnen deiner jungen Glut
entzünden wieder rot mein Blut.

So ist vielleicht das Blühn entstanden:
Von Gott geküßt, im Ding entbrannt,
und von den Engeln Licht genannt.

Rose Ausländer

Vor einem neuen Jahr

Schwester Gisela Ibele

Zwei Dinge genieße ich rund um Silvester sehr. Zum einen fühlt sich diese Zeit immer etwas wie ein Geburtstag an. Sie erinnert mich daran, dass jeder Tag einmalig ist, sich nicht wiederholt. Was mir aber auch gefällt: Das neue Jahr ist noch so unbefleckt. Kein Mensch weiß, wie es wird, wie sich die Tage füllen werden. Wir sind auf der Suche nach einem roten Faden, der Halt gibt und etwas Sicherheit für unsichere Zeiten. Ein roter Faden, der sich durch die vielen Seiten im Terminkalender zieht, die noch so blütenweiß und rein sind.

Ich ermutige Sie, diesen roten Faden jetzt zu suchen – wie einen Weg, der auf keiner Karte verzeichnet ist. Täglich neu die Tür des Herzens öffnen und der eigenen Sehnsucht trauen – das könnte ein Motto für das kommende Jahr werden. Gewiss sind Sie mit mindestens einem Vorsatz ins neue Jahr gestartet, oder? Vielleicht war es der Wille, etwas für die Gesundheit zu tun, zum Beispiel wenigstens einmal am Tag aus dem Haus zu treten, sich sportlich zu betätigen und den inneren Schweinehund der Bequemlichkeit zu besiegen?

Und dann kommt die Erfahrung des grauen Alltags – die Ernüchterung! Der innere Schweinehund ist doch nicht so leicht kleinzukriegen … Auch ich werde erfinderisch, wenn es um Ausreden geht, die mein Gewissen beruhigen. Und schon bin ich wieder in der alten Spur. Die Träume scheinen verloren, die Faszination des Anfangs verflogen. Was übrig bleibt, ist die Sehnsucht nach dem Anfang – aber das ist schon sehr viel! Denn um die Vorsätze lebendig zu halten, muss man weiter träumen. Die Träume sind ein Heiligtum, es lohnt sich, sie wachzuhalten. Ich wünsche Ihnen, dass Sie Ihren Träumen treu bleiben. Es lohnt sich!

Neujahrsgebet

Herr, setze dem Überfluss Grenzen
und lass die Grenzen überflüssig werden.
Lass die Leute kein falsches Geld machen
und auch das Geld keine falschen Leute.
Nimm den Ehefrauen das letzte Wort
und erinnere die Männer an ihr erstes.
Schenke unseren Freunden mehr Wahrheit
und der Wahrheit mehr Freunde.
Bessere solche Beamte, Geschäfts- und Arbeitsleute,
die wohl tätig, aber nicht wohltätig sind.
Gib den Regierenden ein gutes Deutsch
und den Deutschen eine gute Regierung.
Herr, sorge dafür, dass wir alle in den Himmel kommen
– aber nicht sofort.

*Neujahrsgebet des Pfarrers zu St. Lamberti zu Münster
aus dem Jahre 1882*

Hell genug für den nächsten Schritt

Henri Nouwen

Oft möchten wir in die Zukunft sehen können, wenn wir uns fragen. „Was wird uns das nächste Jahr bringen? Wo werde ich in fünf oder zehn Jahren sein?" Auf solche Fragen gibt es keine Antwort. Meistens ist es gerade hell genug, um den nächsten Schritt zu tun, das, was in der nächsten Stunde, am nächsten Tag getan werden muss.

Die Kunst des Lebens zeigt sich darin, dankbar zu sein und sich darüber zu freuen, was wir sehen können, und nicht darüber zu klagen, was im Dunkeln und Ungewissen liegt. Wenn es uns gelingt, den nächsten Schritt zu tun und darauf zu vertrauen, dass es auch hell genug für den folgenden Schritt sein wird, werden wir auf dem Weg durch das Leben mit Freude voranschreiten und überrascht sein, wie weit wir kommen.

Freuen wir uns über das kleine Licht, das wir in den Händen halten, und verlangen wir nicht nach der großen Helligkeit, die alle Schatten verdrängt.

Von guten Mächten

Von guten Mächten treu und still umgeben,
behütet und getröstet wunderbar,
so will ich diese Tage mit euch leben
und mit euch gehen in ein neues Jahr.

Noch will das alte unsre Herzen quälen,
noch drückt uns böser Tage schwere Last.
Ach, Herr, gib unsern aufgescheuchten Seelen
das Heil, für das Du uns bereitet hast.

Und reichst Du uns den schweren Kelch, den bittern
des Leids gefüllt bis an den höchsten Rand,
so nehmen wir ihn dankbar ohne Zittern
aus Deiner guten und geliebten Hand.

Doch willst Du uns noch einmal Freude schenken
an dieser Welt und ihrer Sonne Glanz,
dann woll'n wir des Vergangenen gedenken,
und dann gehört Dir unser Leben ganz.

Laß warm und hell die Kerzen heute flammen,
die Du in unsre Dunkelheit gebracht,
führ, wenn es sein kann wieder uns zusammen!
Wir wissen es, Dein Licht scheint in der Nacht.

Wenn sich die Stille nun tief um uns breitet,
so laß uns hören jenen hellen Klang
der Welt, die unsichtbar sich um uns weitet,
all Deiner Kinder hohen Lobgesang.

Von guten Mächten wunderbar geborgen,
erwarten wir getrost, was kommen mag.
Gott ist bei uns am Abend und am Morgen
und ganz gewiß an jedem neuen Tag.

Dietrich Bonhoeffer

Quellenverzeichnis

Rose Ausländer, Die Erde war ein atlasweißes Feld. Gedichte 1927–1956. Gedichte 1983–1987. © S. Fischer Verlag GmbH, Frankfurt am Main 1985.

Max Bolliger, Ein Duft von Weihrauch und Myrrhe. Weihnachtslegenden. © 2009 Verlag am Eschbach der Schwabenverlag AG, Eschbach/Markgräflerland.

Dietrich Bonhoeffer, Widerstand und Ergebung. Briefe und Aufzeichnungen aus der Haft. Herausgegeben von Eberhard Bethge. © Gütersloher Verlagshaus, Gütersloh, in der Verlagsgruppe Random House GmbH, München.

Phil Bosmans, Ja zum Leben. Überarbeitete Neuausgabe 2009.

Phil Bosmans, Leben jeden Tag. 365 Vitamine für das Herz, 2008.

Peter Dyckhoff, 365 Tage im Licht der Liebe. Geistlich leben nach Johannes vom Kreuz, 2007.

Ylva Eggehorn, Wo die Löwen wohnen. Männer in der Bibel. 14 Porträts. Aus dem Schwedischen von Rainer Haak, 2009.

Anselm Grün, Weihnachten – einen neuen Anfang feiern. Fest zwischen den Zeiten. Herder Spektrum Taschenbuch 4935, 3. Auflage 2007.

Peter Henisch, Das Licht © beim Autor.

Schwester Gisela Ibele, 100 Himmlische Gedanken. Atempausen für die Seele, 2010.

Franz Kamphaus, Gott beim Wort nehmen. Zeitansagen, 2006.

Franz Kamphaus, Hinter Jesus her. Anstöße zur Nachfolge. Herder Spektrum Taschenbuch 6303, 2010.

Margot Käßmann, Der Himmel öffnet uns die Tür. Meditativer Adventskalender. Gestaltet von Margret Bernard-Kress, 2009.

Margot Käßmann, Wenn die Dunkelheit leuchtet. Auf Weihnachten zugehen © Kreuz Verlag in der Verlag Herder GmbH 2010.

Margot Käßmann, Wie ist es so im Himmel? Kinderfragen fordern uns heraus. Herder Spektrum Taschenbuch 5993, 2. Auflage 2009.

Jochen Klepper, Ziel der Zeit. Die gesammelten Gedichte. © Luther-Verlag Bielefeld, 8. Auflage 2008.

Anton Lichtenauer (Hg.), Gönn dir einen Stern. Die Weihnachtsedition, 2000.

Antje Sabine Naegeli, Umarme mich, damit ich weitergehen kann. Gebete des Vertrauens, 2010.

Henri Nouwen, Ich hörte auf die Stille. Sieben Monate im Trappistenkloster. Aus dem Amerikanischen von Bernardin Schellenberger, Herder Spektrum Taschenbuch 5537, 3. Auflage 2004.

Henri Nouwen, Leben hier und jetzt. Jahreslesebuch. Aus dem Amerikanichen übersetzt von Franz Johna. Herder Spektrum Taschenbuch 5570, 2. Auflage 2006.

Huub Oosterhuis, Ich steh vor dir. Meditationen, Gebete und Lieder. Aus dem Niederländischen von Birgitta Kasper-Heuermann, Cornelis Kok und Annette Rothenberg-Joerges, 2. Auflage 2004.

Joseph Ratzinger / Benedikt XVI., Berührt vom Unsichtbaren. Jahreslesebuch. Ausgewählt und herausgegeben von Ludger Hohn-Morisch, © Libreria Editrice Vaticana, Città del Vaticano 2005 / Verlag Herder GmbH, Freiburg im Breisgau, Neuausgabe 2005.

Joseph Ratzinger / Benedikt XVI., Der Segen der Weihnacht. Meditationen. © Libreria Editrice Vaticana, Città del Vaticano 2005 / Verlag Herder GmbH, Freiburg im Breisgau 2005.

Carolin Reiber, Meine schönsten Weihnachtsgeschichten, 2010.

Richard Rohr, Auf dem Weg nach Weihnachten. Ein Begleiter durch die Adventszeit. Aus dem Amerikanischen von Bernardin Schellenberger, 2. Auflage 2009.

Ulrich Sander (Hg.), Unterwegs zum Licht. Der meditative Adventskalender mit Texten von Anselm Grün, Andrea Schwarz, Christa Spilling-Nöker, Pierre Stutz. Gestaltet von Margret Bernard-Kress, 2008.

Andrea Schwarz, Eigentlich ist Weihnachten ganz anders. Hoffnungstexte, 3. Auflage 2007.

Andrea Schwarz, Vom Engel, der immer zu spät kam. Meine schönsten Weihnachtsmärchen. Neuausgabe mit Illustrationen von Thomas Plaßmann, 2010.

Andrea Schwarz, Wenn ich meinem Dunkel traue. Auf der Suche nach Weihnachten. 4. Auflage 2001.

Christa Spilling-Nöker, Engel verkünden den Frieden. Der meditative Adventskalender. Gestaltet von Margret Bernard-Kress, 2005.

Christa Spilling-Nöker, Unter einem hellen Stern. Der meditative Adventskalender. Gestaltet von Margret Bernard-Kress 2010.

Pierre Stutz, Weihnachten – unserer Sehnsucht folgen. Herder Spektrum Taschenbuch 5098, 2. Auflage 2001.

Pierre Stutz, Unter dem Stern der Hoffnung. Meditationen in der Advents- und Weihnachtszeit, 2002.

Bruder Paulus Terwitte / Marcus C. Leitschuh, Trau dich, Weihnachten neu zu entdecken, 2008.

Felix Timmermans, Die Flucht nach Ägypten (Auszug), in: Ders., Die unsichtbare Hand. Übersetzt von Peter Mertens. © Insel Verlag, Frankfurt am Main 1952.

Weifan Wang, Die Weisheit der Lilien. Meditationen eines chinesischen Christen. Übersetzt und herausgegeben von Monika Gänßbauer, 2010.

Notker Wolf / Corinna Mühlstedt, Mitten im Leben wird Gott geboren. 24 Impulse zur Weihnachtszeit, 2010.

Jörg Zink, Zwölf Nächte. Was Weihnachten bedeutet. Herder Spektrum Taschenbuch 5076, 14. Auflage 2010.

Jörg Zink, Dornen können Rosen tragen. Mystik – die Zukunft des Christentums. Herder Spektrum Taschenbuch 5995, 2009. © Kreuz Verlag in der Verlagsgruppe Herder.
Jörg Zink [Übersetzer], Das Neue Testament. Übertragen von Jörg Zink © Kreuz Verlag in der Verlagsgruppe Herder.

Textnachweise

S. 13: Spilling-Nöker, Unter einem hellen Stern, 17. Dezember.

S. 16: „Wir sagen euch an den lieben Advent", Text: Maria Ferschl 1954, Melodie: Heinrich Rohr 1954, zit. nach Gotteslob Nr. 115. © Christophorus Verlag in der Verlag Herder GmbH, Freiburg im Breisgau.

S. 18: Spilling-Nöker, Ein Licht entzünden, zit. nach: Sander (Hg.), Unterwegs zum Licht. Der meditative Adventskalender, 5. Dezember.

S. 19: Käßmann, Wenn die Dunkelheit leuchtet, 7–9.

S. 21: Ibele, 100 Himmlische Gedanken, 104.

S. 22: Wolf, Zeichen setzen, in: Wolf / Mühlstedt, Mitten im Leben wird Gott geboren, 25–26.

S. 23: Wolf / Mühlstedt, Mitten im Leben wird Gott geboren, 27.

S. 24: Zink, Dornen können Rosen tragen, 385.

S. 25: Spilling-Nöker, Engel verkünden den Frieden, 1. und 3. Dezember.

S. 26: Novalis, Wo bleibst du Trost der ganzen Welt, aus: Ders., Geistliche Lieder (Auszug).

S. 27: Ratzinger / Benedikt XVI., Berührt vom Unsichtbaren 377. © Verlag Herder GmbH, Freiburg im Breisgau / Libreria Editrice Vaticana, Città del Vaticano.

S. 28: Jochen Klepper, Weihnachtslied, zitiert nach: Ders., Ziel der Zeit. Die gesammelten Gedichte. © Luther-Verlag Bielefeld, 8. Auflage 2008.

S. 30: Schwarz, Wenn ich meinem Dunkel traue, 74–75.

S. 31: Terwitte / Leitschuh, Trau dich, Weihnachten neu zu entdecken, 76.

S. 36: Spilling-Nöker, Engel verkünden den Frieden, 24. Dezember.

S. 37: Grün, Weihnachten 45–47; 99–101 (Auszüge).

S. 40: Ibele, 100 Himmlische Gedanken, 107 f.

S. 41: Käßmann, Wie ist es so im Himmel?, 160 f. (gekürzt).

S. 42: Stutz, Weihnachten, 68 ff.

S. 44: Reiber, Vorwort, in: Dies. (Hg.), Meine schönsten Weihnachtsgeschichten, 9–12 (Auszüge).

S. 46: Wolf, Freude schenken, in: Wolf / Mühlstedt, Mitten im Leben wird Gott geboren, 31 f.
S. 47: Wolf / Mühlstedt, Mitten im Leben wird Gott geboren, 56.
S. 48: Joseph Ratzinger / Benedikt XVI., Der Baum des Lebens, in: Ders., Der Segen der Weihnacht 44–51 (Auszug). © Verlag Herder GmbH, Freiburg im Breisgau / Libreria Editrice Vaticana, Città del Vaticano.
S. 50: Moritz Gottlieb Saphir, zitiert nach: Weihnachtsgedichte aus tausend Jahren. Ausgewählt von Gesine Dammel, Frankfurt am Main 2001 (Auszüge).
S. 56: Spilling-Nöker, Unter einem hellen Stern, 23./24. Dezember.
S. 57: Käßmann, Wenn die Dunkelheit leuchtet, 107 f.; 115 (Auszug).
S. 58: Kamphaus, Hinter Jesus her, 75–76.
S. 59: Stutz, Unter dem Stern der Hoffnung, 16 f.
S. 60: Schwarz, Eigentlich ist Weihnachten ganz anders, 86 f.
S. 62: Aus dem Johannesprolog, zit. nach: Das Neue Testament, übertragen von Jörg Zink.
S. 63: Rohr, Auf dem Weg nach Weihnachten, 40 ff.
S. 65: Oosterhuis, Ich steh vor dir, 102.
S. 66: Wolf / Mühlstedt, Mitten im Leben wird Gott geboren, 90 f.
S. 67: Nouwen, Ich hörte auf die Stille, 197 (adaptiert).
S. 68: Weifan Wang, Ihr werdet finden das Kind. Meditation zu Weihnachten, in: Ders., Die Weisheit der Lilien, 46 f.
S. 69: Bosmans, Leben jeden Tag, 246.
S. 69: Dyckhoff, 365 Tage im Licht der Liebe, 23. Dezember (Auszug).
S. 74: Spilling-Nöker, Engel verkünden den Frieden, 19. Dezember.
S. 75: Henisch, Das Licht. © beim Autor.
S. 78: Bolliger, Ein Duft von Weihrauch und Myrrhe, 28–32. © beim Autor.
S. 80: Eggehorn, Wo die Löwen wohnen, 125–132 (gekürzt).
S. 84: Timmermans, Die Flucht nach Ägypten (Auszug), in: Ders., Die unsichtbare Hand. Übersetzt von Peter Mertens. © Insel Verlag, Frankfurt am Main 1952.
S. 90: Schwarz, Vom Engel, der immer zu spät kam, 55–68.
S. 100: Spilling-Nöker, Unter einem hellen Stern, 23./24. Dezember.
S. 101: Schwarz, Eigentlich ist Weihnachten ganz anders, 109–112.
S. 105: Zink, Zwölf Nächte, 116 f.
S. 107: Terwitte / Leitschuh, Trau dich, Weihnachten neu zu entdecken, 74.

S. 108: Kamphaus, Wir haben seinen Stern gesehen, in: Ders., Gott beim Wort nehmen, 30–33 (Auszug).

S. 110: Spilling-Nöker, Engel verkünden den Frieden, 23. Dezember.

S. 111: Bosmans, Ja zum Leben, 20.

S. 114: Spilling-Nöker, Unter einem hellen Stern, 9. Dezember.

S. 115: Käßmann, Der Himmel öffnet uns die Tür, 20./26. Dezember.

S. 117: Naegeli, Umarme mich, damit ich weitergehen kann, 109.

S. 118: Lichtenauer (Hg.), Gönn dir einen Stern, 198.

S. 119: Wolf / Mühlstedt, Mitten im Leben wird Gott geboren, 69.

S. 120: Rose Ausländer, Du legst dein Licht in allen Farben, in: Dies., Die Erde war ein atlasweißes Feld. Gedichte 1927–1956. Gedichte 1983–1987. © S. Fischer Verlag GmbH, Frankfurt am Main 1985.

S. 121: Ibele, 100 Himmlische Gedanken, 109–110.

S. 122: Zit. nach Reiber, Meine schönsten Weihnachtsgeschichten, 153.

S. 123: Nouwen, Leben hier und jetzt, 19.

S. 124: Bonhoeffer, Von guten Mächten (1944), in: Ders., Widerstand und Ergebung. Briefe und Aufzeichnungen aus der Haft. Herausgegeben von Eberhard Bethge. © Gütersloher Verlagshaus, Gütersloh, in der Verlagsgruppe Random House GmbH, München.

Verzeichnis der Autorinnen und Autoren

Angelus Silesius (Johannes Scheffler), 1624–1677, Breslauer Theologe, Mystiker, Dichter, bekannt vor allem durch die Epigramme im „Cherubinischen Wandersmann“ (1675).

Rose Ausländer, 1901–1988, jüdische Dichterin aus Czernowitz, lebte seit 1965 in Düsseldorf.

Benedikt XVI. (Joseph Ratzinger), geb. 1927, 1977–1981 Erzbischof von München und Freising; 1981–2005 Präfekt der Glaubenskongregation; 19. April 2005: zum Papst gewählt. Zahlreiche Veröffentlichungen bei Herder, zuletzt: „Jesus von Nazareth“ (2007), „Mit den Heiligen durch das Jahr“ (2010), „Worte der Hoffnung und Ermutigung“ (2010).

Max Bolliger, geb. 1929, Schweizer Heilpädagoge, Lehrer und Schriftsteller, einer der bekanntesten Kinderbuchautoren des deutschsprachigen Raums.

Dietrich Bonhoeffer, 1906–1945, ev. Pfarrer und Theologe; Widerstandskämpfer gegen das Hitler-Regime und Martyrer. Weltbekannt sind seine Briefe und Aufzeichnungen aus der Haft „Widerstand und Ergebung“.

Phil Bosmans, geb. 1922, kath. Priester und Ordensmann, Begründer des „Bundes ohne Namen“. Zahlreiche Veröffentlichungen (Weltgesamtauflage bei geschätzten über 9 Millionen). Zuletzt bei Herder u. a.: „Leben jeden Tag. 365 Vitamine für das Herz“ (Neuausgabe 2. Auflage 2010), „Vitamine fürs Herz“ (2010). Im Internet: www.phil-bosmans.de

Peter Dyckhoff, geb. 1937, Dr. theol. Viele Jahre Geschäftsführer eines mittelständischen Unternehmens, 1981 zum Priester geweiht, war als Gemeinde-, Wallfahrts- und Krankenhausseelsorger tätig sowie als Leiter der bischöflichen Bildungsstätte „Haus Cassian". Autor zahlreicher geistlicher Werke, zuletzt bei Herder: „Sonnenuntergänge. Vom Abschied aus dieser Welt" (2010). Im Internet: www.PeterDyckhoff.de

Ylva Eggehorn, geb. 1950, eine der bekanntestens zeitgenössischen Autorinnen Schwedens: Gedichte, Kurzgeschichten, historische Romane, Liedtexte. Auf Deutsch bei Herder „Ich hörte Saras Lachen. Frauen in der Bibel" (2. Auflage 2010), „Wo die Löwen wohnen. Männer in der Bibel" (2009).

Anselm Grün, geb. 1945, Dr. theol., Benediktiner und Verwalter der Abtei Münsterschwarzach; geistlicher Berater, Begleiter und Autor höchst erfolgreicher Veröffentlichungen. Zuletzt bei Herder: „Leben ist jetzt. Die Kunst des Älterwerdens" (3. Auflage 2010), „Die Bibel verstehen. Hinführung zum Buch der Bücher" (2010), „Heilsame Worte. Gebete für ein ganzes Leben" (2010).

Peter Henisch, geb. 1943, österreichischer Autor und Musiker.

August Heinrich Hoffmann von Fallersleben, 1798–1894, Literaturwissenschaftler und Dichter, Autor des Textes der späteren deutschen Nationalhymne.

Schwester Gisela Ibele, geb. 1960, Franziskanerin von Reute. Ausbildung zur Erzieherin und Gemeindereferentin. Leiterin der „Sinn-Welt Jordanbad" in Biberach (www.jordanbad.de), eines (Er-)Lebensparcours für alle Sinne. Seit 2008 wöchentliche Kolumnistin in der Kiosk-Frauenzeitschrift „Frau von heute". Zuletzt bei Herder: „100 Himmlische Gedanken. Atempausen für die Seele" (2010).

Franz Kamphaus, geb. 1932, Dr. theol., 1982–2007 Bischof von Limburg, lebt jetzt als Seelsorger mit behinderten Menschen.

Zahlreiche Veröffentlichungen im Verlag Herder, zuletzt „Die Welt zusammenhalten. Reden gegen den Strom“ (2008), „Hinter Jesus her. Anstöße zur Nachfolge“ (2010).

Margot Kässmann, geb. 1958, Dr. theol., Theologin und Pastorin, 1999–2010 Landesbischöfin der evangelisch-lutherischen Kirche Hannovers, 2009/2010 Ratsvorsitzende der evangelischen Kirche in Deutschland. Mutter von vier Töchtern. Zuletzt bei Herder: „In der Mitte des Lebens“ (2010), Mütter der Bibel. 20 Porträts für unsere Zeit“ (Taschenbuchausgabe 2010), „Wenn die Dunkelheit leuchtet. Auf Weihnachten zugehen“ (2010 im Kreuz Verlag).

Jochen Klepper, 1903–1942, deutscher Journalist, Schriftsteller und einer der bedeutendsten geistlichen Liederdichter des 20. Jahrhunderts.

Marcus C. Leitschuh, Religionslehrer und Autor, Mitglied im Zentralrat der deutschen Katholiken. Im Verlag Herder zusammen mit Bruder Paulus Terwitte Autor der Reihe „Trau dich!“, u.a. „Trau dich, Weihnachten neu zu entdecken“ (2008), zuletzt „So einfach kann das Leben sein. Ein Leitfaden zum Glück“ (2010).

Martin Luther, 1483–1546, Augustinermönch, Theologieprofessor, Reformator. Von Luther sind 36 Lieder überliefert, die die Geschichte des geistlichen Liedes nachhaltig prägten.

Corinna Mühlstedt, Journalistin und Autorin, ARD-Korrespondentin in Rom, zuletzt bei Herder zusammen mit Abtprimas Notker Wolf: „Mitten im Leben wird Gott geboren. 24 Impulse zur Weihnachtszeit“ (2010).

Antje Sabine Naegeli, evangelische Theologin und Existenzanalytikerin (Logotherapie), ihre Gebetstexte zählen zu den verbreitetsten Texten christlicher Frauenspiritualität heute. Zuletzt bei Herder: „Umarme mich, damit ich weitergehen kann“ (2010).

Henri Nouwen, 1932–1996; gab eine Karriere als Hochschulprofessor auf und schloss sich der von Jean Vanier gegründeten „Arche"-Bewegung eines gemeinsamen Lebens mit behinderten Menschen an. Zuletzt bei Herder: „Christi Weg nach unten. Eine Spiritualität für unsere Zeit" (2009), „Geliebt sein. Was es heißt, heute als Christ zu leben" (2009).

Novalis (Friedrich von Hardenberg), 1772–1802, Bergbauingenieur, Philosoph und Dichter u. a. religiöser Lyrik („Geistliche Lieder", hg. 1802).

Huub Oosterhuis, geb. 1933, Theologe, Priester, Dichter, Autor zeitgenössischer geistlicher Texte und Lieder. Zuletzt bei Herder: „Du Atem meiner Lieder. 100 Lieder und Gesänge" (2009). Im Internet: www.huuboosterhuis.de

Michael Praetorius (1571–1621), deutscher Gelehrter, Musikwissenschaftler, Komponist und Organist.

Carolin Reiber, TV-Moderatorin, im ZDF von „Broadway Specials" bis „Grand Prix der Volksmusik", in der ARD / BR von „Lieder der vier Jahreszeiten" bis zur aktuellen Bürgersendung „Bayerntour". Verheiratet mit dem deutschen Fünfkampfmeister Dr. Luitpold Maier, Mutter zweier Söhne. Bei Herder: „Meine schönsten Weihnachtsgeschichten" (2010).

Richard Rohr, geb. 1943, amerikanischer Franziskanerpater, Gründer des „Zentrums für Aktion und Kontemplation" in New Mexico, international gefragter Vertreter zeitgenössischer christlicher Spiritualität („Enneagramm", Männerinitiation, Mystik). Zuletzt bei Herder: „Auf dem Weg nach Weihnachten" (2009), „Hoffnung und Achtsamkeit. Der spirituelle Weg für das 21. Jahrhundert (Neuausgabe 2010).

Moritz Gottlieb Saphir, 1795–1858, österreichischer Literat, Satiriker und Publizist.

Max von Schenkendorf, 1783–1817, deutscher Schriftsteller, Autor politischer und mystischer Lyrik.

Andrea Schwarz, geb. 1955, Industriekauffrau und Sozialpädagogin, lange in der Gemeindearbeit, heute als Referentin und ehrenamtlich in Projekten der Mariannhiller Schwestern in Südafrika tätig; eine der meistgelesenen christlichen Autoren unserer Zeit. Zuletzt bei Herder: „Bleib dem Leben auf der Spur. Unterwegs nach Afrika" (2010), „Bunter Faden Leben. Mutmachtexte" (2010), „Vom Engel, der immer zu spät kam. Meine schönsten Weihnachtsmärchen" (Neuausgabe 2010).

Friedrich Spee von Langenfeld, 1591–1634, deutscher Jesuit, Moraltheologe, Menschenrechtler (gegen Folter und Hexenprozesse) und Lyriker, Autor bis heute beliebter Kirchenlieder.

Christa Spilling-Nöker, geb. in Hamburg, Dr. phil., Pfarrerin mit pädagogischer und tiefenpsychologischer Ausbildung. Zahlreiche Veröffentlichungen. Zuletzt bei Herder: „50 Zutaten zum Glück. Von A wie Apfel bis Z wie Zimt" (2010). „Himmlische Küche. Das Kochbuch für die christlichen Feste. Mit 12 Rezepten von Starköchin Lea Linster" (2010).

Pierre Stutz, geb. 1953; spiritueller Begleiter, Dichter und Autor viel beachteter Bücher. Bei Herder u.a.: „Heilende Momente für die Seele" (2008), „50 Rituale für die Seele" (8. Auflage 2009). Im Internet: www.pierre-stutz.ch

Bruder Paulus Terwitte, Kapuziner und Priester, bekannt als TV-Moderator in SAT1 und N24 sowie durch seine Internetpräsenz: www.bruderpaulus.de. Zahlreiche Veröffentlichungen, im Verlag Herder die Reihe „Trau dich!" (zusammen mit Marcus C. Leitschuh), u.a.: „Trau dich, Weihnachten neu zu entdecken" (2008), zuletzt: „So einfach kann das Leben sein. Ein Leitfaden zum Glück" (2010).

Felix Timmermans, 1886–1946, flämischer Schriftsteller und Maler. In seinen Werken beschrieb er u.a. die flämische Volksfrömmigkeit und setzte sich in seinem Roman „Der Pfarrer vom blühenden Weinberg" (auf Deutsch 1927) mit Fragen des Glaubens auseinander.

Weifan Wang, geb. 1927, chinesischer ev. Pastor und Theologe, 1958 zur Zwangsarbeit verurteilt, 1969–1979 Fabrikarbeiter, seit 1979 Theologieprofessor am Theologischen Seminar in Nanking. Bei Herder auf Deutsch: „Die Weisheit der Lilien. Meditationen eines chinesischen Christen" (2010).

Notker Wolf, Dr. phil, Benediktinermönch, seit 2000 als Abtprimas der Benediktiner mit Sitz der Abtei S. Anselmo in Rom höchster Repräsentant von mehr als 800 Klöstern auf der ganzen Welt. Zuletzt bei Herder: „ Mitten im Leben wird Gott geboren" (2010, zusammen mit Corinna Mühlstedt), „Nimm dir Zeit, es ist dein Leben" (Taschenbuch- und Hörbuchausgabe 2010).

Jörg Zink, geb. 1922, Dr. theol., nach dem Studium der Philosophie und Theologie in Tübingen Lehrauftrag für Neues Testament und Systematische Theologie. 1961–1980 Fernsehbeauftragter der Evangelischen Landeskirche in Württemberg, seit 1980 freier Publizist. Zahlreiche erfolgreiche Veröffentlichungen. Die Schriften von Jörg Zink erscheinen im Kreuz Verlag in der Verlagsgruppe Herder.

Weihnachten mit Johann Wanner

Johann Wanners wunderbare Weihnachtswelt
Tradition und Dekoration des Christbaums
128 Seiten | Durchgehend farbig gestaltet | Gebunden mit Schutzumschlag | ISBN 978-3-451-30365-4

Weihnachtsexperte Johann Wanner erzählt vom weihnachtlichen Symbol schlechthin: dem Weihnachtsbaum. Eine unterhaltsame Kulturgeschichte des Weihnachtsbaums, opulent bebildert mit zahlreichen Fotografien aus der Wannerschen Schmuckkollektion.

Johann Wanners beste Weihnachtsrezepte
Die Festtagsküche für den schönsten Tag des Jahres
48 Seiten | Geschenkeinband in Seiden-Optik
ISBN 978-3-451-30371-5

Johann Wanner verrät seine Weihnachtslieblingsrezepte – nach alten Rezepten aus langer Familientradition, mit einem Schuss Schweizerischer Note.

JOHANN WANNER
Der schönste Baum von allen
Die besten Tipps zum Schmücken des Weihnachtsbaums
ISBN 978-3-451-30362-3
64 Seiten | Geschenkeinband in Seiden-Optik

Worauf kommt es an beim Schmücken des Weihnachtsbaums? Praktische Geheimnisse des Christbaum-Schmückens vom Baseler Weihnachtsexperten Johann Wanner.

JOHANN WANNER (HG.)
Von Weihnachtsbäumen und Winterträumen
Die schönsten Geschichten, gelesen von Rosemarie Fendel
Herder Audio-CD | ISBN 978-3-451-31624-1

Die stimmungsvollsten, besinnlichsten und rührendsten Geschichten von Weihnachtsbäumen und Winterträumen sind auf diesem Hörbuch versammelt: von Anton Cechovs „Der Tannenbaum" bis zu „Der Weihnachtsbaum ist eine Palme" von Amelie Fried, gelesen von Rosemarie Fendel.

Spirituelle Impulse für Advent und Weihnachten

Margot Kässmann

Wenn die Dunkelheit leuchtet

Auf Weihnachten zugehen

160 Seiten | Gebunden

Kreuz Verlag in der Verlagsgruppe Herder, Freiburg

ISBN 978-3-7831-8009-1

In diesen Texten zu Weihnachten geht es um Gottes Licht in der Welt und die Schatten, die wir kennen, um die große Freude und die Sorgen, die zum Leben gehören. Gedanken zum Nachdenken, Schenken und Feiern von Margot Käßmann.

Notker Wolf / Corinna Mühlstedt

Mitten im Leben wird Gott geboren

24 Impulse zur Weihnachtszeit

100 Seiten | Gebunden mit Leseband

ISBN 978-3-451-32329-4

Die weihnachtlichen Impulse von Notker Wolf erzählen von den Erfahrungen, die der Abtprimas des weltweiten Benediktinerordens auf seinen Reisen rund um die Welt gemacht hat. Die Rom-Journalistin und Buchautorin Corinna Mühlstedt führt seine Gedanken weiter in 24 meditativen Impulsen.

Frohe Weihnachten mit Anselm Grün

Zweifarbig gestaltet mit weihnachtlichen Abbildungen

96 Seiten | Gebunden mit Leseband und Gold- und Silberprägung

ISBN 978-3-451-31055-3

Anselm Grün erschließt die Motive des Weihnachtsfests als Urbilder des Menschen: den Stall und den Stern, die Hirten und Könige, das neugeborene Gotteskind – in lesefreundlicher Schrift ein besonderer Begleiter für eine besondere Zeit.

HERDER

Richard Rohr

Auf dem Weg nach Weihnachten

Ein Begleiter durch die Adventszeit

96 Seiten | Gebunden mit Leseband

ISBN 978-3-451-31060-7

Richard Rohr gehört zu den prophetischen Stimmen des gegenwärtigen Christentums. In seinem Adventsbegleiter erschließt er das Weihnachtsfest und führt vor Augen, wie Weihnachten zu einem authentischen Fest der Befreiung werden kann.

Robert Zollitsch

Suchende Menschen finden den Stern

Ein Begleiter für die Advents- und Weihnachtszeit

96 Seiten | Gebunden mit Leseband

ISBN 978-3-451-29633-8

Weihnachtliche Betrachtungen des Vorsitzenden der Deutschen Bischofskonferenz führen vor Augen, wie die spirituelle Suche der Menschen und die Menschwerdung Gottes im Kind von Betlehem zwei Bewegungen sind, die an Weihnachten zusammenführen.

Für die schönste Zeit im Jahr

Anselm Grün

Das kleine Buch der Weihnachtsfreude

192 Seiten | Herder Spektrum Taschenbuch 7045

ISBN 978-3-451-07045-7

Ein Fest, das das Herz und alle Sinne berührt, die Seele verzaubert. Wünsche werden wahr, Fröhlichkeit und Freude leuchten auf. Ein neuer Anfang scheint möglich. Anselm Grün stimmt ein in die schönste Zeit des Jahres.

Für jeden leuchtet ein Stern

Herausgegeben von Ulrich Sander

224 Seiten | Herder Spektrum Taschenbuch 6025

ISBN 978-3-451-06025-0

Das besondere Lesebuch für eine besondere Zeit: Texte von Phil Bosmans, Anselm Grün, Andrea Schwarz, Christa Spilling-Nöker und Pierre Stutz begleiten in 24 Kapiteln durch die Adventszeit bis Weihnachten.

Hannelore Elsner

Meine schönsten Weihnachtsgeschichten

160 Seiten | Herder Spektrum Taschenbuch 6291

ISBN 978-3-451-06291-9

„Ich liebe Weihnachten ... Mit den Geschenken hatte ich nie ein Problem: Ich brauchte nur an meine Liebsten zu denken, schon sprangen mir die Geschenke für sie in den Kopf, in die Hand, ins Herz. Oft waren sie in mir, sie mussten nur gemalt, gebastelt, erfunden werden ..." (Hannelore Elsner).

Margot Kässmann

Meine schönsten Weihnachtsgeschichten aus aller Welt

160 Seiten | Herder Spektrum Taschenbuch 6108

ISBN 978-3-451-06108-0

Das Wunder der Weihnacht – es geschieht in Island ebenso wie in der Schweiz, auf Madagaskar und in Südindien. Die schönsten Weihnachtsgeschichten aus aller Welt, ausgewählt von Margot Käßmann.

Geschenkideen zur Weihnachtszeit

ANDREA SCHWARZ

Vom Engel, der immer zu spät kam

Meine schönsten Weihnachtsmärchen
Mit Illustrationen von Thomas Plaßmann
144 Seiten | Gebunden mit Leseband | ISBN 978-3-451-32258-7

Die Weihnachtsmärchen von Andrea Schwarz sind Märchen für Groß und Klein. Geschichten, wie es nur wenige gibt: fröhlich und frech, heiter und hintergründig. Geschenkausgabe mit Illustrationen von Thomas Plaßmann.

CAROLIN REIBER

Meine schönsten Weihnachtsgeschichten

160 Seiten | Gebunden mit Schutzumschlag
ISBN 978-3-451-32363-8

Die von Carolin Reiber zusammengestellten Weihnachtsgeschichten handeln von der Vorfreude auf Weihnachten und dem Wunder, das für uns alle geboren wurde. Mal fröhlich, mal nachdenklich lenken diese Texte unseren Blick auf das Fest des Jahres, das keinen unberührt lässt.

MICHAELA MAY

Meine schönsten Weihnachtsgeschichten

160 Seiten | Gebunden mit Schutzumschlag
ISBN 978-3-451-29939-1

Michaela May hat ihre liebsten Texte rund um die Weihnachtszeit zusammengestellt: erheiternde und nachdenkliche, überraschende und unentbehrliche. Eine Einladung zum Lesen, Vorlesen und Schenken.

CHRISTA SPILLING-NÖKER

Himmlische Küche

Das Kochbuch für die christlichen Feste
Mit 12 Rezepten von Starköchin Lea Linster
224 Seiten | Durchgehend farbig gestaltet mit zahlreichen Abbildungen | Gebunden | ISBN 978-3-451-30206-0

In diesem appetitanregend gestalteten historischen Kochbuch stellt Christa Spilling-Nöker Brauchtum und Rezepte der christlichen Feste vor und gibt die Rezeptideen weiter, vom Mittelalter bis zum 21. Jahrhundert.

www.herder.de

Umschlagmotiv:
© fotolia.com / Kati Molin
Umschlaggestaltung:
Margret Russer, München

Redaktion: Gundula Kühneweg

Satzgestaltung und Notensatz:
SatzWeise, Föhren

Herstellung:
CPI – Clausen und Bosse, Leck

Gedruckt auf umweltfreundlichem,
chlorfrei gebleichtem Papier
Printed in Germany
ISBN 978-3-451-32553-3